Lesen mit Felix 1

Die Lateinlektüre für Sprachanfänger

Das Geheimnis der sprechenden Statue

C.C. Buchner Oldenbourg

Lesen mit Felix 1

Die Lateinlektüre für Sprachanfänger

Herausgegeben von
Clement Utz (Regensburg) und
Andrea Kammerer (Schwabach).

Lesen mit Felix 1 wurde erarbeitet von
Dr. Michael Lobe (Nürnberg).

Über weiteres fakultatives Begleitmaterial zu **Latein mit Felix** informiert Sie
C.C. Buchners Verlag · Postfach 1269 · D 96003 Bamberg.

BAMBERGER WORTSCHATZ

1. Aufl. $1^{7\,6\,5\,4\,3\,2\,1}$ 2010 09 08 07 06 05 04
Die letzte Zahl bedeutet das Jahr dieses Drucks.

Alle Drucke dieser Auflage sind, weil untereinander unverändert, nebeneinander benutzbar.

www.ccbuchner.de
www.oldenbourg-bsv.de

Lektorat: Bernd Weber

Layout und Satz: i.motion, Bamberg

Druck und Bindung: creo Druck & Medienservice GmbH, Bamberg

C.C. Buchner ISBN 3 7661 **5082** 0
Oldenbourg ISBN 3 486 **00042** X

Liebe Schülerin, lieber Schüler,

ein berühmter römischer Dichter schrieb vor langer Zeit, dass Schriftsteller ihre Leser entweder unterhalten oder ihnen nützlich sein wollen. Dies Büchlein will beides: Du wirst spannende Zauber- und Abenteuergeschichten lesen, nebenbei dein Latein verbessern und Sicherheit beim Übersetzen gewinnen. Das glaubst du nicht?

Probier es einfach aus und lass dich in die abenteuerliche Welt des jungen römischen Ehepaars Ämilia und Crassus entführen. Dann wirst du nicht nur erfahren, was es mit der sprechenden Statue auf sich hat, sondern wirst auch das Geheimnis der Höhle im Wald lüften, den Zauberer Mirificus kennen lernen, unheimlichen Gespensterspuk in einer römischen Villa erleben, dem grausamen Gewaltherrscher Tyrannus Rex begegnen und noch viel mehr Spannendes, Lustiges, Gruseliges und Rätselhaftes entdecken.

Die zusammenhängende Geschichte umfasst 25 Kapitel, die in Wortschatz und Grammatik genau der Reihenfolge deines Lateinbuchs *Latein mit Felix 1* folgen – und zwar ab Kapitel 11. Wenn du also die erste Geschichte liest, ist in ihr der Wortschatz und die Grammatik der Kapitel 1 bis 11 von *Latein mit Felix* vorausgesetzt. Jede weitere Fortsetzungsgeschichte übt den Wortschatz- und Grammatikstoff des entsprechenden Buchkapitels ein, sodass du eine gute und vor allem unterhaltsame Zusatzmöglichkeit zum Üben hast. Zur Überprüfung deines Könnens findest du am Ende des Bändchens eine deutsche Übersetzung. Diese solltest du aber erst dann benutzen, wenn du das entsprechende Kapitel tatsächlich gelesen hast.

Vielleicht noch ein Wort zu den Verwendungsmöglichkeiten dieses Büchleins: Du kannst es in den so genannten „Intensivierungsstunden“ in der Klasse lesen, es als unterrichtsbegleitende Übungsmöglichkeit zu Hause nutzen oder es nach der fünften Klasse in den Sommerferien in einem Zug zur Wiederholung des gesamten Lateinstoffes durchlesen. So startest du topfit in die sechste Klasse.

Viel Spaß beim Lesen und Lernen!

Inhalt

11 Falscher Verdacht

Aemilia cum Cornelia et Secunda amicis Romam petit. Quia feminae ornamenta spectare et emere parant, ad forum properant. Iam adsunt. Aemilia: „Videte templa et statuas!" Cornelia: „Certe monumenta, sed imprimis mercatores et tabernas video. In tabernis mercatores non solum dona, sed etiam aurum et argentum habent. Ego ornamenta spectare desidero; item vos[1] catenas[2], anulos[3], armillas[4] videre desideratis. Cur non tabernam intramus?" Aemilia: „Recte interrogas, Cornelia."

Ad tabernam accedunt, ubi mercator ad portam stat et populum iam exspectat: „Intrate, si ornamenta emere paratis." Feminae tabernam intrant. Dum ornamenta tangunt et probant, etiam dominus intrat et ornamenta spectat. Mercator ad Aemiliam: „Quid quaeris?" Aemilia: „Fibulam[5] quaero. Cur fibulae hic non iacent?" Mercator ridet et discedit. Fibulas portat. Aemilia fibulas spectat, comprehendit, probat. Denique a mercatore pretia quaerit. Pretia Aemiliam sollicitant. Fibulas statim deponit: „Nimium[6] poscis, mercator!" Mercator non iam ridet, sed verbis amicas violat: „Si pecuniam non habetis, discedite! Porta patet!"

---

[1] **vōs** *Nom.* ihr – [2] **catēna, -ae** Kette – [3] **ānulus, -ī** Ring – [4] **armilla, -ae** Armreif – [5] **fībula, -ae** Gewandspange – [6] **nimium** zu viel

Tum mercator ornamenta componere parat. Subito clamat: „Fibula deest! Quis fur est? Tu certe fibulam retines, femina! Nam fibulas non solum spectare, sed etiam tangere semper studes. Da statim fibulam!“ Aemilia vocat: „Fibulam non habeo. Fur non sum.“ Subito dominus: „Recte iniuria feminam sollicitat, mercator. Certe fibulam non habet. Fibula enim hic est. Hic iacet.“ Nunc etiam mercator fibulam videt. Gaudet et statim feminas verbis delectare et retinere parat. Sed neque Aemilia neque Cornelia neque Secunda iam in taberna sunt. Dominus ad mercatorem: „Te reprehendere debeo, quia sine causa[1] feminas verbis violas. Ego ornamenta hic emere non iam studeo.“ Mercator dominum verbis retinere parat, sed dominus e taberna discedere non cessat.

12 Wilde Pferde in der Stadt!

Interea Aemilia, Secunda, Cornelia amicae forum petunt. Non iam ornamenta spectare, sed paulum quiescere student. In foro mercatores et plebem spectant, voces audiunt: „Emite, dominae et domini! Proba vinum, senator, quaeso! Tangite et probate cibos, feminae! Venite tandem et portate frumentum, servi! Populus iam diu frumentum exspectat et poscit.“

Secunda: „Semper verba ‚vinum‘ et ‚cibus‘ audio. Ego etiam cibos appeto. Cur non tabernam intramus? Nonne cibis gaudetis?“ Dum amicae ad tabernam accedere parant, subito clamorem audiunt: „Equi in forum properant! Discedite! Servate filios et filias ab equis! Nemo equos a foro et tabernis prohibet. Date locum!“ Cornelia: „Quis equos in forum et in turbam mittit?“ Aemilia: „Certe nemo equos in turbam mittit. Scite autem: Cottidie[2] equi e vicis[3] frumentum ad forum portant.

Tum prope iacent et quiescunt, dum servi equos a frumento liberant. Sed interdum[4] oestri[5] equos violant et sollicitant. Tum equi non iam iacent, non iam parent. Per[6] vias properant, quia ab oestris discedere student. Videte! Audite! Equi iam veniunt, immo adsunt. Nonne periculum sentitis? Properate in basilicam, si portae patent!“ Profecto amicae statim basilicam petunt. Aemilia autem basilicam intrare paulum cessat, quia vocem audit: „Adeste! Venite huc! Servate me[7] a periculo!“ In foro senem videt. Senex discedere parat, sed cadit[8]. Iterum senex voce auxilium appetit. Equi accedunt …

---

[1] **causa, -ae** Grund – [2] **cottīdiē** täglich – [3] **vīcus, -ī** Dorf – [4] **interdum** manchmal – [5] **oestrus, -ī** Pferdebremse – [6] **per** *Präp. m. Akk.* durch – [7] **mē** *Akk.* mich – [8] **cadere** fallen

13 Der Retter in der Not

Senex in foro iacet et vocat: „Adeste seni! Equos timeo!" Nemo in foro est. Equi accedunt … Subito Aemilia vocem audit: „Heus!" Dominus e templo descendit et ad senem properat. Tum equis occurrit et equos clamore a sene prohibere parat. Profecto equi stant. Quia dominus et clamor equos sollicitant, in loco manent. Tandem custodes accedunt et equos comprehendunt. Senex gaudet et domino dicit: „Gratias tibi[1] ago, domine! Ut deus me[2] a periculo servas. Quid poscis? Aurum et argentum tibi[1] donare desidero." Dominus paulum tacet. Denique seni templum ostendit et dicit: „Age deis gratias! Dona deis aurum et argentum! Deos colere debemus. Dei enim dominis, feminis, filiis, puellis, senatoribus, servis, mercatoribus semper adsunt. Vale, senex!"

Aemilia Corneliae amicae dominum ostendit et interrogat: „Quis est dominus? Recte et bene de deis narrat." Cornelia: „Nonne scis dominum? Crassus est. Multos amicos habet, quia semper comes in periculis est. Ut vides, numquam timet." Aemilia: „Crassum nondum scio, sed Crassum mox scire desidero." Amicae rident: „Aemilia maritum quaerit. Crassus Aemiliae placet. Aemilia amica nuptias desiderat." Aemilia ridet et tacet.

---

[1] **tibi** *Dat.* dir – [2] **mē** *Akk.* mich

14 Die List der Freundinnen

Cornelia et Secunda amicae recte sentiunt: Profecto Crassus Aemiliae placet. Dum Aemilia Crassum iterum atque iterum[1] spectat, amicae consilium habent. Denique Secunda Aemiliae dicit: „Intra basilicam! Specta ibi statuas! Statuas enim nondum scis. Statuae nobis placent. Statuas spectare oportet." Ut Cornelia et Secunda sciunt, Aemilia monumenta amat. Profecto basilicam intrat et intus statuas quaerit.

Amicae gaudent: „Consilium placet: Aemilia iam in basilica est. Nunc Crassum vocamus et in basilicam mittimus. Aemilia Crassum mox videt." Amicae subito clamant: „Ades nobis, Crasse, quaeso! Aemilia amica non iam adest. Sine te Aemiliam non invenimus. Timores nos sollicitant: Saepe scelerati feminis neces parant. Ubi est? Quaere nobiscum amicam!" Crassus statim venit et salutat: „Salve, Cornelia, salve, Secunda! Vobis libenter adsum. Ubi Aemiliam quaerimus? Vobiscum certe amicam mox invenio."

Sed neque Crassus neque amicae Aemiliam quaerere debent, quia iam ex basilica discedit. Amicas interrogat: „Ubi sunt statuae? Cur mecum luditis? Vos reprehendere debeo. Cur me in basilicam mittitis, quamquam[2] statuae ibi non sunt? Dicite mihi: Cur subito a me disceditis? Desinite properare!" Verba autem Secundam et Corneliam non retinent; discedere non cessant.

Subito Aemilia vocem audit: „Ego gaudeo, quia amicae tandem absunt." Aemilia spectat et ... Crassum videt. Crassus: „Tu certe Aemilia es. Amicae, ut sentio, mihi adesse student. Nam sine Cornelia et Secunda tecum esse desidero. Itaque da veniam amicis: Te non violare, sed me delectare student." Aemilia: „Libenter Secundae et Corneliae comitibus hodie ignosco. Etiam ego tecum esse desidero. Narra mihi de te, si tibi placet." „Libenter tibi de me narro. Cur non tabernam intramus?"

---

[1] **iterum atque iterum** immer wieder – [2] **quamquam** obwohl

15 Amors Pfeil hat getroffen!

Tandem nuptiae adsunt. In villa Crassi servi et servae hospitibus cenam parant. Mercatores e foro veniunt. Cibos et vina portant. Aemilia vocem mercatoris audit: „Ubi est maritus? Vinum Crasso marito donare studeo.“ Crassus iam venit et amico gratias agit. Aemilia: „Iam diu epistulam amicarum exspecto. Cur nuntius[1] hodie non venit?“

Crassus umeros Aemiliae tangit: „Certe nuntius tibi epistulam mox portat. Nuntius autem non solum epistulam amicarum, sed etiam epistulas mercatorum et senatorum ad insulas, ad tecta, ad villas portare debet.“ Dum Crassus et Aemilia de epistulis narrant, Balbus servus Flavum servum orat: „Permitte mihi vasa portare!“ Flavus: „Vasa portare tibi non permitto. Semper enim vasa frangis. Desine vasa poscere! St! Vocem dominae audio. Ad dominam properare debes. Ego vasa porto.“

Dum familia laborat, hospites muros Romae relinquunt et villam Crassi petunt. Primum properant, mox quiescere student. Itaque in umbra arboris sedent. Paulo post umbram arborum relinquunt et ad villam Crassi accedunt.

---

[1] **nūntius, -ī** Bote

16 Der verschwundene Gastgeber

Aemilia ad portam villae stat et ridet: „Salvete, hospites! Iam diu vos exspectamus. Intrate mecum villam! Primo quiescere, deinde cenare et narrare potestis. Ministri cenam parant.“ Aemilia clamat: „Veni, Crasse, familiares tandem adsunt. Ut certe scis: Hospes amicos statim salutare debet.“ Sed Crassus hospes familiares salutare non potest. Nondum enim adest.

Ubi est Crassus? Aemilia iterum vocat: „Crasse, ubi es? Hospites te exspectant.“ Crassus non accedit. Tum Aemilia ad Balbum servum: „Propera, Balbe, et arcesse dominum! Hora[1] cenae adest.“ Sed Balbus dominum invenire non potest. Dominae dicit: „Crassum invenire non possum. Neque in villa neque in via est.“ Nunc timor Aemiliam sollicitat: „Si vesper adest, in tenebris noctis Crassum invenire non possumus. Ubi est?“ Subito hospites vocem pueri audiunt: „Audite! Audite! Crassus in agro post villam est. In umbra arboris quiescit!“ Statim Aemilia villam relinquit et ad agrum procedit. Profecto Crassus ad aquam fontis iacet et quiescit. Nunc Aemilia maritum tangit. Crassus: „Ubi sum? Quis es? Quid a me desideras? O, Aemilia.“ Aemilia interrogat: „Cur hic cessas, Crasse? Ego cum ministris cibos paro, vasa compono, hospites saluto. Et tu? Tu quiescis!“ Crassus: „Ignosce mihi! Scilicet quiescere non oportet, dum laboras.“ Aemilia ridet: „Libenter veniam tibi do. Sed nunc veni mecum ad cenam!“

Mox hospites Crassum vident et salutant. Tandem cenare et cibis gaudere possunt. Primo ministri ova[2], deinde mullos[3], tum mala[4], denique vina portant. Hospitibus cibi placent. Post cenam Crassus et Aemilia fabulas familiarium audiunt.

---

[1] **hōra, -ae** Stunde – [2] **ōvum, -ī** Ei – [3] **mullus, -ī** Rotbarbe – [4] **mālum, -ī** Apfel

17 Der Kaufmann und der Dieb

Unus ex hospitibus amicos interrogat: „Scitisne fabulam de mercatore et fure?“ „Narra nobis, quaeso!“

„Appius mercator in basilica negotia agit. Primo cibos varios et vina varia componit, deinde populum exspectat, tum nonnullis senatoribus et servis cibos vendit. Mox vesper adest. Appius clamorem turbae non iam sustinet. Itaque a basilica domum discedere desiderat. Nonius amicus Appium interrogat: „Procedisne domum sine comite? Nonne pericula tenebrarum times? Ante[1] portas urbis fures te exspectant. Mane, quaeso! Cur non in parva taberna quiescis?“ Appius laetus: „Gratias tibi ago, quia mihi adesse studes. Sed sine timore sum et sine comitibus domum venire desidero. Vale!“ Mox Appius muros antiquos Romae relinquit. Nemo mercatori occurrit. Appius in tenebris solum umbras arborum, tectorum, montium videt. Subito media in via vir e tenebris procedit. Voce dura mercatori misero imperat: „Da mihi pecuniam!“ Appius: „Quis es?“ „Fur sum. Pecuniam a te appeto.“ Quia mercator probus timet, statim verbis scelerati paret et pecuniam furi dat. Fur: „Gratias tibi ago, quia mihi pecuniam das. Vale!“ Dum Appius verba furis audit, vocem Noni amici cognoscit[2]. Statim amicum reprehendit: „Cur me in tenebris ita sollicitas?“ Nonius: „Non oportet consilium amici probi ridere. Nunc pericula tenebrarum scis.“ Appius laetus: „Recte dicis: Profecto pericula noctis non parva sunt. Sed nunc veni mecum in villam rusticam! Cenare et quiescere debemus.“

Familiares fabulam pulchram hospitis laudant. Iterum atque iterum fabulas varias audire desiderant.

---

[1] **ante** *Präp. m. Akk.* vor – [2] **cognōscere** erkennen

18 Die geheimnisvolle Höhle

Dum ministri et vinum et aquam portant, Crassus magna voce clamat: „Hodie laeti et contenti sumus. Libenter vobis fabulam narro. Audite! Sextus et Terentius pueri sine timore in silvam vastam properant. Ibi in spelunca[1] ludere cupiunt. Ut sciunt, spelunca magna est. Speluncam mox inveniunt, intrant, descendunt. In tenebris pauca videre possunt. Subito vox misera liberos terret: „Adeste mihi!“ Primo pueri dubitant, tum descendere pergunt. Iterum vocem audiunt: „Venite et adeste mihi miserae!“ Tandem liberi causam clamoris vident. Nanus[2] in saxo sedet et puellam in parva cavea[3] tenet. Sextus puer: „Permitte statim puellae discedere! Nonne nos times? Nemo enim tibi adesse potest, si te violamus! Tu unus es, nos duo[4]!“ Iam Sextus umerum nani attingere parat, sed subito procedere non iam potest. Verba magica[5] nani puerum retinent. Ut statua stare debet. Nanus[2] magna voce ridet: „Quid nunc facis, puer? Pergite me ita terrere! Semper enim ridere cupio. Hahahae! Scire debetis: Nemo mihi resistere potest. Sed permitto vobis puellam miseram liberare. Unus e vobis herbam magicam[6] in silva vasta invenire debet. Deinde cum puella speluncam[1] relinquere potestis.“ Statim Terentius herbam quaerere et invenire cupit. Dum speluncam relinquere parat, nanus vocat: „Propera, puer! Nam in silva tenebrae noctis mox adsunt. Hahahae!“ Dum Terentius e spelunca discedit, sibi dicit: „Numquam herbam in silva tam vasta invenire possum.“

[1] **spēlunca, -ae** Höhle – [2] **nānus, -ī** Zwerg – [3] **cavea, -ae** Käfig – [4] **duo** zwei – [5] **verba magica** Zaubersprüche – [6] **herba magica** Zauberkraut

19 Das Zauberkraut

Subito Crassus narrare desinit. Nam paulum quiescere vult. Hospites autem fabulam statim audire volunt. Itaque Crassum orant: „Cur cessas? Perge narrare, quaeso! Onera et labores Terentii et alterius pueri audire volumus.“ „Gaudeo, quia fabula mea vobis placet. Si cetera audire vultis, ego libenter narro:

Terentius puer in magna silva stat et sibi dicit: „Condicio mea mala est. Ubi herbam magicam[1] in silva tam vasta invenio? Multas arbores, sed nullas herbas video.“ Subito femina pulchra latus sinistrum pueri attingit. Terentius interrogat: „Quis es?“ „Regina[2] silvae sum. Quid media in silva quaeris? Nonne pericula noctis times?“ Terentius puer: „Nanus malus puellam et amicum meum in spelunca retinet. Herbam magicam poscit. Ego amicos a periculo servare volo, sed herbam invenire non possum. Oro te: Ostende mihi locum herbae magicae[1]!“ Regina[2] silvae: „Tibi libenter locum ostendo, quia puer probus es et amicis adesse vis.“

[1] **herba magica** Zauberkraut – [2] **rēgīna, -ae** Königin

Profecto regina[1] silvae puerum ad herbam ducit. Tum Terentio consilium dat: „Attinge corpus nani[2] herbā! Ita amicos liberare et nanum malum superare potes. Sed herbam nano dare non debes; tum enim vos exstinguere potest.“ Quia tenebrae iam adsunt, puer reginae gratias agit et ad speluncam[3] properat.

Iam diu nanus[2] malus puerum exspectat: „Ah, tandem venis. Herbam tecum portas, ut video. Da mihi tandem munus pulchrum silvae! Tum amicum tuum et puellam miseram tecum foras educere potes.“ Terentius autem verbis sinistris non paret. Parvum corpus nani[2] herbā tangit et – nanus subito non iam adest. Liberi laeti sunt et amico probo gratias agunt: „Nanus malus crimina parare non iam potest. Probus es, Terenti, quia nobis adesse numquam dubitas.“ Terentius: „Magna onera libenter suscipere oportet, si amici in periculo sunt. Sed nunc relinquite mecum speluncam[3]! Nam certe etiam vos domum discedere vultis.“

Fabula familiaribus placet. Dum alii Crassum laudant, alii Crasso crimina acerba faciunt: „Cur media in fabula narrare desinis? Raro hospes tam acerbus est. Sed quia fabula tua tam pulchra est, libenter tibi veniam damus.“

20 Wie kam das Mädchen in die Höhle?

„Crasse amice, narra nonnulla, quaeso, de puella, quam nanus[2] retinet!“ Crassus: „Sed puella pulchra, ut scitis, non iam in spelunca[3] est. Quid audire vultis?“ Unus e familiaribus: „Ubi puella vitam agit? Quemadmodum[4] puella sine comitibus in silvam vastam et speluncam venit[5]?“ Crassus: „Puella, de qua vobis narrare volo, patrem bonum habet. Pater, cuius villa rustica parva est, pauca pecora possidet.

Dum pater agros colit, filia proba procul in agro pecora curare debet. Sed puella contenta est: Alia pecora frumento gaudent, alia quiescunt. Quia sol ardet, puella laeta in umbra arboris pulchrae sedet et cibos bonos, quos habet, cenat. Aqua fontis, qui prope est, puellam delectat. Subito bos, cui magnum corpus est, a ceteris pecoribus discedit et ad silvam pergit. Iterum atque iterum[6] parva puella magna voce clamat: „Mane hic, magne bos! Cur discedis a pecoribus, quorum dominus es? Cur boves pulchras, quibus places, relinquis?“ Sed

---

[1] **rēgīna, -ae** Königin – [2] **nānus, -ī** Zwerg – [3] **spēlunca, -ae** Höhle – [4] **quemadmodum** auf welche Weise? – [5] **vēnit** *Perf.* er (sie, es) ist gekommen – [6] **iterum atque iterum** immer wieder

bos, quem puella misera nec verbis nec verberibus[1] retinere potest, ad silvam pergere non dubitat. Condicio puellae misera est: Et magnum bovem retinere vult et boves ceteras curare cupit. Verba patris non ignorat: „Cura imprimis magnum bovem nostrum! Mox enim in foro urbis bovem mercatori, qui aurum et argentum possidet, vendere volo. Tum tandem sine curis vitam agere possumus."

Quia filia proba semper verbis patris paret, cetera pecora relinquit. Parva puella cum bove, cui resistere non potest, silvam petit. Sed mox procedere non iam potest, quia rami[2] arborum puellam retinent. Bovem non iam videt. Dum magnum pecus quaerit neque invenire potest, subito sub[3] pedibus puellae terra[4] patet. Ita puella in speluncam[5] nani[6], de quo iam diu scitis, cadit[7]."

21 Der eingebildete Soldat

Crassus ad hospites: „Cetera non ignoratis: Nanus[6] puellam nonnullas horas in spelunca[5] retinebat, dum pueri accedebant et puellam a periculo servabant. Nunc narrare non iam oportet. Ministri nostri enim fabulam agere[8] cupiunt. Audite et spectate!"

Iam magnus servus triclinium[9] intrabat et ut miles magna voce clamabat: „Ego sum miles, cui nemo adhuc resistere poterat. Ego sum miles, quem milites nationum aliarum semper timent et timebant. Ego sum vir pulcher, quem feminae amant et desiderant. Videte corpus meum pulchrum!" Subito alius servus accedit et dicit: „Domine, in multis locis magnae urbis te quaerebam, neque tamen te inveniebam. Ubi eras?" Miles respondebat: „Primo in taberna multis hominibus de bellis narrabam, quae in Africa, Hispania, Graecia, Italia gerebam, deinde in foro plebi corpus et vulnera mea ostendebam." „Certe hominibus fabulae tuae et tui umeri vasti placebant. Ego quoque libenter fabulas tuas audio. Saepe voce tua milites nationum aliarum terrebas, saepe saxis pedes elephantorum violabas, saepe multi hostes[10] tibi resistere non poterant! Multae feminae te desiderabant, amabant, tecum vitam agere volebant! Miles: „Tace! Nam fabulas narras, quas etiam parvi liberi non ignorant. Veni mecum in tabernam! Iam diu vinum bonum appeto."

---

[1] **verbera, -um** *n Pl.* Schläge – [2] **rāmus, -ī** Ast, Zweig – [3] **sub** *Präp. m. Abl.* unter – [4] **terra, -ae** Erdboden – [5] **spēlunca, -ae** Höhle – [6] **nānus, -ī** Zwerg – [7] **cadere** fallen – [8] **fābulam agere** ein Theaterstück spielen – [9] **triclīnium, -ī** Speisezimmer – [10] **hostis, -is** Feind

Dum miles discedit, minister militis paulum in loco manebat, denique dicebat: „Dominus meus, ut nunc audiebatis, non solum pulcher, sed etiam stultus[1] est. Tamen domino meo contentus sum. Ego dominum verbis pulchris laudo, quia dominus mihi semper magna munera, cibos varios, vina bona dat. Ita et dominus et ego adhuc vitam contentam agebamus et agimus. Valete!“

Dum etiam minister militis triclinium relinquit, hospites magna voce clamabant: „Intrate iterum, servi probi! Nam gratias vobis agere volumus, quia nos fabula pulchra delectabatis. Ridebamus, quia bene ludebatis. Iubemus vos iterum venire!“ Profecto servi iterum triclinium intrabant et verbis bonis parvisque donis hospitum gaudebant.

[1] **stultus, a, um** dumm

22 Eine Brandkatastrophe in Rom

Dum servi laeti e triclinio[1] discedunt, unus ex hospitibus, magnus vir, dicit: „Adhuc imprimis fabulas laetas audivistis, amici. Sed vobis de saeva calamitate, quam ego spectavi, narrare cupio. Modo fabulas, quae delectant, modo fabulas, quae sollicitant, audire oportet."

Crassus: „Recte dicis, amice. Narra, quaeso. Nam semper fabulas novas audire studuimus et studemus."

Hospes: „Diu in Hispania vitam agebam. Multos annos ibi felix eram. Haud pauci amici mihi erant, multa negotia bene agebam. Tandem Romam pulchram, patriam meam, spectare desideravi. Itaque ab Hispania discessi. Longum[2] iter super magnos montes, per[3] silvas vastas et multa oppida faciebam.

Dum muros Romae procul video, subito nuntii accesserunt et magna voce clamaverunt: „Audi, hospes, magnam et novam calamitatem, quam in urbe spectavimus! Incendium vastum Romam delevit! Multi homines miseri iam de vita decesserunt. Mane hic, si vitam tuam servare vis!"

Ego autem nihil audire volui et statim ad urbem properavi. Profecto ibi me clamores hominum et magnae flammae terruerunt. Incendium vastum templa pulchra et multa tecta urbis delevit. Medio in foro basilicae, tabernae, statuae, monumenta ardebant. Nonnulli viri vasa portaverunt. Tamen flammas aqua exstinguere non potuerunt. Quam saeva spectavi! In Subura flammae vastae magnas insulas deleverunt. Multi homines ex aedificiis discesserunt. Itaque magna turba miserorum in vicis angustis fuit. Sed extra aedificia aliud periculum saevum miseros terruit: Tegulae[4] de tectis in vias cadebant et alios necabant, alios violabant. Nemo, qui flammas et cinerem effugere potuit, sine vulneribus acerbis fuit. Clamorem feminarum, virorum, senum, liberorum vix[5] sustinui. Primo sub tecto tabernae me ab tegulis servare temptavi[6], deinde per vias angustas Suburae ad portas urbis properavi. Ita pericula incendii tandem effugere potui."

---

[1] **triclīnium, -ī** Speisezimmer – [2] **longus, a, um** lang – [3] **per** *Präp. m. Akk.* durch – [4] **tēgula, -ae** Ziegel – [5] **vix** kaum – [6] **temptāre** versuchen

23 Der Schiffsbrand

Fabula de magna calamitate Romae animos omnium hospitum movebat. Diu animo tristi tacebant. Tandem Crassus: „Fabulam atram narravisti, amice, quae omnes, qui audiverunt, sollicitavit, ut certe sensisti. Sed te non reprehendo. Profecto enim et laeta et tristia cognoscere oportet. Nam vita hominum, quam Fortuna dea semper rexit et adhuc regit, varia est.“

Tum Statilius hospes, qui prope sedebat, umerum Crassi tangebat: „Recte sentis, Crasse: Fortuna dea modo laeta, modo tristis est. Si vultis, vobis de incendio narro, quod in nave vidi. Multos annos mercator eram, ut certe scitis. Quia homines in foro semper vina nova et varia emere cupiunt, mercatores in multis terris vina nova et varia parare student. Itaque etiam ego iter[1] faciebam. Primo sol ardebat, deinde caelum triste, tum atrum erat. Subito nubes[2] atrae super navem nostram erant. Magnae undae[3] latera navis pellebant. Quia me ab aqua servare volui, sub tecto navis me tegere paravi. Dum descendo, Iupiter magnum fulmen[4]

[1] **iter, itineris** *n* Reise – [2] **nūbēs, -is** *f* Wolke – [3] **unda, -ae** Welle – [4] **fulmen, -inis** *n* Blitz

mittebat, quod navem incendebat. Quia nemo flammas exstinguere poterat, nos de nave in aquam mittebamus et litus petebamus. Dum tandem pedibus in terra stamus, navem in aqua spectare studuimus, sed solum cinerem navis super aquam cognovimus. Primo tristes, tum laeti fuimus, quia navem relinquere non cessavimus. Ita nos a periculo incendii servavimus. Statilius paulum tacebat, tum amicos monebat: „Nunc narrare desinere oportet. Dum enim fabulas narramus et audimus, horae effugiunt. In tenebris domum discedere non opportunum est; itaque Crassum et Aemiliam relinquere debemus.

Gratias agimus tibi, Crasse, nam multas horas in villa tua laeti eramus. Gratias agimus Aemiliae tuae, quae animo familiari omnia bene curavit. Iterum atque iterum nos iussit cibis variis gaudere. Servis probis quoque gratias agimus, quia nos non solum cibis et vinis rusticis, sed etiam fabula de milite forti et nobili delectaverunt. Vos omnes valete!"

Crassus: „Manete, quaeso, familiares, et quiescite in villa nostra! Profecto in tenebris domum discedere non opportunum est. Iam multi homines pericula noctis non cognoverunt et de vita decesserunt. Nonnulli nocte de montibus cadebant[1], alii sceleratis turpibus occurrebant, qui omnem pecuniam poscebant et etiam neces parabant." Statilius: „Adhuc noctem non timebam; sed quia tam bene de periculis narravisti, consilio tuo libenter paremus."

Profecto hospites verba Crassi et Statili probaverunt et in villa quieverunt.

24 Gespensterbesuch um Mitternacht

Media nox erat. Iam diu hospites in cubiculo[2] villae iacebant et quiescebant. Subito magnus clamor omnes terruit. Una e feminis clamabat: „Adeste mihi! Adeste mihi miserae! Aspexi larvam[3], quae primo ad portam cubiculi stabat, tum ad me accedebat. Dum magna voce clamo, statim foras properavit. Puto larvam me exstinguere voluisse."

Statilius hospes, vir magnus, ridebat: „Depone timorem, amica! Nonne scis larvas non esse? Existimo te haud bene quievisse. Constat nonnullos homines post magnam cenam quiescere non posse. An[4] putas nanum[5] malum, de quo Crassus narravit, huc accessisse? Hahahae! An existimas furem, de quo audivi-

---

[1] **cadere** fallen – [2] **cubiculum, -ī** Schlafzimmer – [3] **lārva, -ae** Gespenst – [4] **an** oder etwa – [5] **nānus, -ī** Zwerg

mus, non solum Appio mercatori, sed etiam tibi occurrere?“ Nunc omnes, qui aderant, ridebant. Sed femina: „Certe scio me larvam aspexisse. Contendo larvam in nos neces paravisse. Ego quiescere non iam possum.“ Statilius: „Es custos, amica, et prohibe larvam a nobis! Sed veniam da nobis! Nos quiescere volumus.“

Brevi tempore hospites iterum quieverunt. Femina autem magno cum timore ad portam spectare non desinebat. Ecce! Subito porta patet … femina pedem videt … iterum magna voce clamat: „Larva[1] adest, larva adest! Comprehendite larvam!“ Profecto omnes hospites pedem larvae aspexerunt. Etiam vocem larvae audiverunt: „To-to-tot a-annos iam in vi-villa Crassi vi-vivo. O-omnes ho-homines me ti-timent. Co-constat enim me ac-acerbum et ma-malum esse. Mamanete in cu-cubiculo[2], si de vi-vita de-decedere non vu-vultis. Pe-permitto vobis mane[3] cu-cubiculum relinquere. E-ego nu-nunc discedere de-debeo.“ Hospites verbis larvae parebant et corpora non movebant.

Mox Statilius: „Ignosce mihi, amica! Putavi te sine causa larvam[1] timere. Sed larvam profecto adfuisse nos omnes sensimus.“ Hospites quiescere non iam poterant. Tamen nemo hospitum cubiculum relinquebat. Omnes solem exspectabant.

---

[1] **lārva, -ae** Gespenst – [2] **cubiculum, -ī** Schlafzimmer – [3] **māne** am Morgen

25 Wer ist das Gespenst?

Mane[1] Aemilia domina hospites iam in triclinio[2] exspectat. E Statilio quaerit: „Cur tam tristi animo ad me venitis? Ah – existimo vobis cubiculum[3] non placuisse.“ Hospes respondit: „Nemo cubiculum reprehendere potest, Aemilia. Omnia bene paravisti et curavisti. Sed cognovimus larvam[4] in villa vestra vitam agere.“ Aemilia risit: „Scio, Statili, te nunc ita ludere, ut tempore cenae[5] lusisti. Certe mihi narrare vis larvam in cubiculum pervenisse, huc et illuc cucurrisse, vos tetigisse.“ Statilius: „Larvas ridere non oportet. Profecto larva nobis occurrit.“ Aemilia iterum risit: „Scilicet scio, Statili, magnam larvam vos quaesivisse et in cubiculo tandem repperisse. Sed, ut puto, tu larvam vicisti ut gladiator fortis. Nuper in theatro fabulam similem vidi.“ Statilius: „Ita non est, Aemilia. Apud vos larvam vivere constat. Nos omnes larvam non solum vidimus, sed etiam audivimus. Sed larva nos per portam effugit. Iam saepe audivi deos de caelo in terram descendisse et homines, qui occiderunt, in larvas mutavisse.“ Aemilia: „Tace, quaeso. Profecto nunc fabula tua me terret. Cenate! Postea cetera mihi narrare potestis. Veni huc, Balbe, et porta cibos bonos tecum!“

Paulo post Balbus servus in triclinium[2] cucurrit et apud hospites stetit: „Li-libenter vo-vobis ce-cenam po-porto, ho-hospites. Ta-tandem do-domina mihi pe-permittit va-vasa portare. Iam diu nu-nulla va-vasa frangebam.“ Statim Statilius magna voce risit: „Haha! Puto me larvam noctis nunc aspexisse et audivisse. Balbe, recte nomen tuum habes. Sed adhuc ignoravi larvas quoque lingua haesitare[6].“ Nunc omnes cognoverunt Balbum larvam fuisse. Tandem hospites timorem noctis deponunt. Sed servus nunc timet – statim vasa in terram ceciderunt. Nemo autem servum reprehendit. Aemilia: „Larva es misera, quia hospites terrere potes, vasa tenere non potes.“ Omnes verbis idoneis[7] dominae gaudent. Denique etiam Balbus ridet. Post cenam et sermonem longum hospites laeti villam relinquunt et domum pergunt.

---

[1] **māne** am Morgen – [2] **triclīnium, -ī** Speisezimmer – [3] **cubiculum, -ī** Schlafzimmer – [4] **lārva, -ae** Gespenst – [5] **tempore cēnae** zur Essenszeit – [6] **linguā haesitāre** stottern – [7] **idōneus, a, um** passend, geeignet

26 Der Streit

Dum hospites ea oppida, in quibus vitam agunt, petunt, Crassus dominus Balbum servum eis verbis reprehendit: „Cur, Balbe, amicos nostros eo modo terruisti? Nonne intellexisti eos non quievisse, quia magno in timore fuerunt? An putas eis fabulam eiusmodi placuisse? Sine modo hospites sollicitavisti."

Balbus respondit: „I-intellego te sae-saevum esse, do-domine. Sed ce-certe sensisti nu-nullum eorum me ho-hodie reprehendisse. Omnes ridebant et mi-mihi i-ignoscebant."

Crassus: „Puto eos tam familiares fuisse, quia neque me neque Aemiliam verbis turpibus violare voluerunt. Scire enim debes nonnullos homines non semper ea ostendere, quae sentiunt. Etiam si hospites te non reprehendebant, tamen id, quod faciebas, non probabant."

Aemilia: „Recte dicis, Crasse. Sed amicos nostros non ignoras. Ego certe scio eos semper id dicere, quod sentiunt. Profecto ii Balbo statim veniam dabant."

Crassus: „Nonne timorem amicae nostrae memoria tenes, Aemilia? Quam misera voce nobis de larva[1] narravit! Ea profecto multas horas noctis putavit larvam caedem in hospites parare. Etiam mane[2] signa timoris in corpore eius cognovi: tremere[3] eam vidi, vix[4] vocem eius audire potui. Quid tibi in mentem venit, Balbe? An mentem bonam non iam habes?"

Aemilia: „Tace, quaeso, Crasse! Verbis tam acerbis hominem violare non oportet. Putasne te semper recte agere? Existimo Balbum id didicisse, quod oportet. Nam profecto turpe est alios terrere. Ut existimo, amicam nostram, Crasse, curare non debes. Vidi eam risisse larvam, quae non solum lingua haesitabat, sed etiam vasa frangebat. Sed narra mihi, Balbe: Cur te in larvam[1] mutavisti?"

Balbus: „Ho-hospites fabula no-nostra, quam a-agebamus, gau-gaudebant et iterum atque iterum no-nos lau-laudabant. Me a-actorem esse delectabat. Quia i-iterum actor esse volui, me in larvam mutavi. Sed ho-hospites sollicitare et terrere ce-certe non volui." Crassus: „Ignoscimus tibi, Balbe! Propera nunc ad labores tuos!" Balbus laetus: „Gratias ago vobis, domine et domina! Magno cum studio ea, quae iubetis, facere cupio. Nam vos labore meo contentos esse semper studeo."

---

[1] **lārva, -ae** Gespenst – [2] **māne** am Morgen – [3] **tremere, tremō** zittern – [4] **vix** kaum

27 Reisevorbereitungen

Dum Aemilia et Crassus sermonem de Balbo habent, Porcius senex, amicus familiae, villam intravit: „Salve, Porci!“ „Salvete, amici! Nonne iter paratis[1], de quo iam saepe narravistis?“ „Iam diu iter parare volumus, sed larva[2] nos a laboribus prohibuit.“ „Quid narras, Crasse? Larvae non sunt.“ „Recte iudicas, Porci.“ Statim Aemilia seni de nocte, de Balbo larva, de timore hospitum narrat. Porcius ridet: „Nunc intellego vos adhuc pauca parare potuisse.“ Aemilia: „Balbus servus probus est, sed sibi imperare non potest, si putat se praeclarum actorem[3] esse.“ Porcius: „Iuvenes saepe putant se viros praeclaros esse.“ Aemilia: „Recte dicis, Porci. Sed Balbus sensit se vitium fecisse. Puto eum a vitio suo multa didicisse.“ Porcius: „Cessare non iam debetis, si terras novas, urbes pulchras, montes praeclaros cognoscere vultis. Certe scitis: Ii, qui iter faciunt, semper omnia sua secum habere debent. Itaque tibi, Aemilia, eum libellum dono, in quo scribere[4] potes ea, quae vobis in itinere occurrunt. Et tibi, Crasse, eum gladium do, quo te tuosque defendere potes. Nam vir Romanus se suosque semper armis defendere debet. Sed non oportet eos, qui iter faciunt, prohibere. Itaque verba facere nunc desino. Valete!“ Iis verbis senex dona pulchra Aemiliae et Crasso dat. Dominus et domina seni nobili, qui iam ad portam properat, gratias agunt.

Deinde Aemilia servos et servas vocat: „Accedite et audite! Quia iter[1] facere cupimus, vos iubemus omnia parare. Flave, cura equos, et tu, Barbara, para cibos idoneos[5]! Balbe, tecum iter facere volumus.“ Balbus verbis dominae gaudet: „Libenter comes vester sum. Quia mihi veniam dedistis, vos omni modo iuvare cupio.“ Dum servi servaeque labores suscipiunt, Crassus cum Aemilia villam relinquit et ad templum Mercurii[6] volat. Ibi deum orare et eius aram tangere volunt. Sciunt enim Mercurium eos, qui iter faciunt, iuvare. Sed apud templum magna multitudo hominum est. Aemilia Crassum interrogat: „Cur tot homines aram dei tangere cupiunt?“ Crassus: „Hic magnum numerum mercatorum vides, qui putant deum se suaque servare. Nam Mercurius etiam iis, qui negotia agunt, adest.“

---

[1] **iter, itineris** *n* Reise – [2] **lārva, -ae** Gespenst – [3] **āctor, āctōris** Schauspieler – [4] **scrībere** aufschreiben – [5] **idōneus, a, um** passend, geeignet – [6] **Mercurius** Merkur

28 Der Überfall

Postquam Aemilia et Crassus a templo ad villam suam venerunt, Balbum vident, qui iam diu dominum et dominam exspectat. Quem interrogaverunt: „Paravistine cuncta, quae tibi imperavimus, Balbe?“ Qui respondit: „Iter[1] statim facere potestis: Carruca[2] adest, quam equi fortes ducunt; etiam cibos varios et vasa, in quibus aqua est, in carrucam portavimus.“ Aemilia: „Quod bene fecistis. Semper sciebamus nos praeclaros ministros habere.“

Balbus: „Mihi iocus[3] de domino eiusque servo in mentem venit. Vultisne iocum audire?“ Crassus: „Scilicet iocum audire volumus. Narra, Balbe!“ Balbus: „Dominus servum suum pellebat, quia is non laborabat. Qui dominum interrogabat: ‚Cur me pellis, quamquam nihil feci?‘ Dominus respondebat: ‚Te pello, quia nihil fecisti.‘ “ Crassus et Aemilia ridebant: „Iocum bonum bene narravisti, Balbe. Cur non iam lingua haesitas[4]?“ Balbus: „Lingua non iam haesito, quia nullus timor me sollicitat. Nisi timeo, recte semper dicere possum.“ Nunc Aemilia maritum suum monebat: „Nonne memoria tenes verba Porci senis? Qui recte dixit nos dubitare non debere. Horae volant et iter longum facere cupimus.“

Statim Crassus et Balbus finem sermonis fecerunt et cum Aemilia ad carrucam accesserunt. Dum Balbus equos habenis[5] regit, uxor et maritus in carruca sedebant. Equi carrucam per magnos agros, per parvos vicos, per pulchra oppida ducebant. Quia Balbus super carrucam[2] sedebat, omnia bene spectare poterat. Videbat viros rusticos in agris frumentum colligere, senes sub umbra arborum quiescere, liberos post villam rusticam ludere, feminas equos ad fontem ducere. Dum Balbus magno cum studio naturam pulchram et labores hominum spectat, intus Aemilia et Crassus quiescebant.

Postquam multas horas quieverunt, subito oculos[6] aperiebant. Nam Balbum clamare audiunt: „Ni-ni-nihil me-mecum ha-habeo. Pe-pecuniam non po-possideo, viri!“ Statim Aemilia et Crassus cognoverunt sceleratos servum suum opprimere. Balbum iterum lingua haesitare sentiunt: „Per-permittite mi-mihi i-iter pergere, viri boni!“ Tum Aemilia et Crassus unum e viris magna voce ridere audiunt: „Hahahae! Putasne nos viros bonos esse? Videsne arma mea et gladios meorum? Quibus armis homines necare me atque socios meos semper delectat. Sed narra nunc! Habesne comites tecum?“ Intus Crassus statim gladium suum

---

[1] **iter, itineris** *n* Weg, Reise – [2] **carrūca, -ae** Reisekutsche – [3] **iocus, -ī** Witz – [4] **linguā haesitāre** stottern – [5] **habēna, -ae** Zügel – [6] **oculus, -ī** Auge

capit et iam Balbo adesse parat – sed servum bonum ea verba dicere audit: „Ne-nemo mecum e-est. Nu-nulli co-comites in ca-carruca[1] sunt." Aemilia Crassum interrogat: „Cur Balbus id dicit?" Crassus: „Nos tegere vult." Iterum vocem unius e sceleratis audiunt: „Descende tandem de carruca, miser, et ostende nobis cuncta ea, quae tecum portas! Puto aurum et argentum in carruca esse!" Intus magnus timor Crassum et Aemiliam capit. Crassus: „Scelerati nos hic reperire non debent."

29 Die Entführung

Crassus, qui cum Aemilia in carruca sedet: „Scelerati nos hic reperire non debent. Non solum enim nos, sed etiam Balbum necabunt, quia is dixit se nullos comites secum habere." Statim se post magna vasa condiderunt et corpora sua tegminibus[2] texerunt. Iam unus ex furibus carrucam[1] intravit et cuncta spectavit. Tum clamavit: „Profecto nemo intus est. Vasa solum video. In quibus

---

[1] **carrūca, -ae** Reisekutsche – [2] **tegmen, -inis** *n* Decke

vinum bonum esse puto." Iterum Aemilia et Crassus, qui occulte post vasa iacent, timent. Vocem scelerati, qui extra carrucam[1] est, audiunt: „Porta nobis nonnulla vasa, amice! Nam vinum probare iam diu desideramus." Postquam fures vasa aperuerunt, senserunt in eis non vinum, sed aquam esse. Tum rex superbus furum voce dura ad Balbum: „Vinum non habes, pecuniam non possides, comites nullos tecum habes. Quid nobis dare poteris? Si vis nos tibi temperare, eo loco manebis. Si imperio meo parebis, tutus eris. Nisi parebis, te gladio meo necare non dubitabo. Vos, socii, ad magnam arborem volabitis. Ibi vobiscum consilium habebo."

Dum viri mali sub arbore consilium habent, Balbus periculum effugere temptavit. Sed scelerati id statim cognoverunt eumque comprehenderunt. Interea Aemilia et Crassus, qui in carruca[1] se condiderunt, audire ea studuerunt, quae scelerati dixerunt aut fecerunt. Sed nihil audiebant. Postquam paulum intus manserunt, primo Crassus carrucam reliquit[2], tum uxorem suam eduxit. Media in silva vasta stabant. Nullos fures videbant, nullius hominis vocem audiebant. Sed Balbum et equos abesse mox sentiebant.

Aemilia: „Balbus probus nos ex periculo servavit, quia furibus dixit se sine comitibus iter facere[3]. Verba, quae nuper dixit, memoria teneo. Dixit se nos omni modo iuvare cupere. Profecto nobis adfuit. Sed quis ei aderit? Cur scelerati eum abduxerunt? Necabuntne eum? Cur in periculum tam turpe venimus? Putabam Mercurium deum nos in periculis itineris tegere!" Crassus: „Nonne scis Mercurium[4] non solum eos, qui iter faciunt aut negotia agunt, iuvare, sed etiam eos, qui furta faciunt? Sunt autem praeclarae eae sententiae: ‚Ades tibi! Tum deus tibi aderit' et ‚Fortuna fortes iuvat'. Sceleratos superabimus et Balbum liberabimus. Nisi animus nobis deerit, Fortuna et Mercurius nobis aderunt. Nos Balbum quaerere et invenire oportet." Aemilia: „Recte dicis, Crasse. Sed quis nobis viam per magnam silvam demonstrabit? Poterimusne viam invenire? Tenebrae noctis iam adsunt. Omnia atra sunt, omnia tacent. Scelerati equos nostros abduxerunt, pedibus iter per silvam atram pergere debemus. Quae omnia timorem meum augent." Crassus caput et umeros uxoris tangebat: „Depone timorem, Aemilia. Scelerati iam procul ab iis finibus sunt. Itaque sine timore mecum in tenebris iter pergere poteris."

---

[1] **carrūca, -ae** Reisekutsche – [2] **relīquit** *Perf.* er (sie, es) hat verlassen, zurückgelassen – [3] **iter, itineris** *n* Reise – [4] **Mercurius** Merkur

30 Die geheimnisvolle Hütte im Wald

Nox atra est. Aemilia et Crassus iter[1] pergunt. Nulla aura arbores movet. Quamquam Crassus comes est, magni timores Aemiliam sollicitant. Longae umbrae arborum atrarum eam terrent. Quae huc et illuc spectat, quia putat viros malos post arbores atras stare. Subito Crasso arborem ostendit et maritum interrogat: „Videsne ibi magnum virum, qui caput movet? Statim gladium suum capiet et nos temptabit. Quem ridere et huc ad me accedere video. Ah! Existimo sceleratum me tetigisse et pedem meum violavisse. Occidam, nisi me defendes!" Crassus: „Nemo te tetigit, nemo te violavit, Aemilia. Sub pedibus nostris parva saxa sunt, quae sensisti. Ecce! Accedo nunc ad arborem, quam mihi ostendisti[2]." Aemilia Crassum orat: „Mane, quaeso, apud me!" Sed maritus ad arborem accedere pergit. Qui brevi tempore clamat: „Nemo hic est. Umbra fuit, quae falso te sollicitavit. Depone tandem timorem, Aemilia! Nemo te violabit: Ego te gladio ac virtute mea defendam."

Paulo post iter pergunt. Iterum Aemilia Crassum retinet: „Ecce! Procul inter arbores atras flammam video. Quid agemus, si scelerati ibi nos exspectabunt?" Crassus: „St! Tempera voci tuae! Si fures te audient, nos comprehendent. Ecce! Ibi parva casa[3] est. Flamma indicat homines in ea esse. Sed non existimo fures ibi esse. Fures enim semper custodes secum habent, qui somnum sociorum suorum armis tegunt. Ego autem nullos custodes video." Postquam Aemilia et Crassus paulum accesserunt, post magnam arborem se condiderunt et casam prope aspexerunt. Cuius porta patebat. Aemilia et Crassus primo dubitant, tum animum colligunt, denique ad portam accedunt. Subito vox duos terret: „Intrate! Iam diu vos exspecto."

---

[1] **iter, itineris** *n* Reise – [2] **ostendistī** *Perf.* du hast gezeigt – [3] **casa, -ae** Hütte

Aemilia et Crassus intrant et senem vident, qui media in casa ramis[1] parvam flammam alere temptat. Qui dixit: „Salve, Aemilia, salve, Crasse! Sciebam vos ad me venire.“ Crassus senem interrogavit: „Cur nomina nostra scis? Te numquam vidimus.“ Senex risit: „Recte dicis, Crasse! Solum pauci homines me artemque meam cognoscunt. Sum Mirificus magus[2]. Bene scio omnia, quae sunt, quae fuerunt, quae erunt. Itaque non ignoro vos Balbum servum quaerere. Quem profecto scelerati in vincula dederunt et rapuerunt. Frustra Balbus eos effugere temptavit. Nunc futura vobis dicam: Balbum adulescentem invenietis, sed multos labores sustinebitis et pericula dura suscipietis.“ Crassus: „Ubi servum nostrum miserum reperiemus?“ Magus: „Dei mihi non permittunt omnia, quae scio, dicere. Id autem vobis aperiam: Balbus in loco erit, in quo viri fortes de vita sua contendent. Magna multitudo hominum ibi aderit. Sed nunc finem sermonis mei faciam. Puto vos eum locum invenire posse.“

---

[1] **rāmus, -ī** Ast – [2] **magus, -ī** Zauberer

31 Das Rätsel am Fluss

Aemilia et Crassus in casa[1] magi[2] non quiescebant. Postquam cenaverunt, cum sene familiari per omnem noctem longos sermones habebant. Multas horas de ingenti virtute Balbi et de dolo malo sceleratorum narrabant. Itaque non sentiebant solem iam in caelo ardere. Crassus: „Nunc te relinquere et Balbum quaerere oportet. Gratias agimus pro magno tuo auxilio. Vale!“ Senex: „Valete et vos, amici! Dei vobis victoriam felicem concedent.“

Aemilia et Crassus laeti iter pergebant. Post paucas horas ingentem silvam relinquebant et ad ripam veniebant. Ibi magnum virum in parva nave sedere videbant. Dum accedunt, is voce acri interrogabat: „Quid vultis?“ Crassus: „Salve! Ut video, navem possides. Si tibi placebit, nos ad aliam ripam portabis.“ Vir: „Quid mihi dabitis?“ Crassus: „Omnem pecuniam, quam mecum habeo, tibi dabo.“ Sed vir voce superba: „Pecuniam non appeto. Si de pretio agere cupis, audi condiciones meas: Da mihi uxorem pulchram tuam aut solve unum aenigma[3]! Scire autem debes: Nisi id solvere poteris, uxorem tuam rapiam et abducam.“ Aemilia vehementi voce eum reprehendit: „Puto non matrem, sed leaenam[4] acerbam te aluisse, scelerate, quia mentem tam saevam habes! Crasse, veni mecum! Aliam viam ad Balbum nostrum inveniemus.“ Crassus: „Mane, uxor bona! Aenigma solvere cupio.“ Tum Aemilia: „Si sapies, virum acerbum relinques et mecum venies. Haud cuncta scire potes.“ Crassus: „Id periculum non effugiam, sed libenter suscipiam. Narra tandem aenigma, vir turpis!“

Qui risit: „Hahahae! Uxor, quae adhuc tua est, mox praeda mea erit. Audi nunc! Aenigma meum solvere non poteris: Potesne sex deos uno verbo scribere[5]?“ Verba viri superbi Aemiliam terruerunt. Crassus autem non timuit, sed eam interrogavit: „Ubi est libellus, quem noster amicus Porcius tibi donavit? Da mihi libellum, quaeso! Quo modo te ex periculo servabo.“ Dum Aemilia Crasso libellum dat, vir, qui in nave sedebat, ad eam: „Veni huc, femina pulchra et discede a marito tuo! Te tenere non poterit. Neque enim verbum idoneum inveniet. Hahahae!“ Sed Crassus acri cum ira clamavit: „Tace, scelerate! Si putas te virum potentem esse, non sapis. Brevi tempore verbum idoneum audies. Ecce! Iam inveni: Verbum, quod quaeris, ‚VI-DI‘ est. ‚VI‘ enim signum Romanum numeri ‚sex‘ est. ‚DI‘ nomen breve pro verbo ‚DEI‘ est. Ut vides, sex deos uno verbo scribere possum. Te iam superavi. Porta nos nunc nave celeri ad ripam aliam!“

---

[1] **casa, -ae** Hütte – [2] **magus, -ī** Zauberer – [3] **aenigma solvere** ein Rätsel lösen – [4] **leaena, -ae** Löwin – [5] **scrībere** schreiben

Sed vir malus: „Numquam in nave mea sedebitis!“ Statim temptavit navem ab ripa movere. Crassus autem pedibus celeribus ad navem cucurrit eamque retinuit. Tum magna voce clamabat: „Ego irae non iam tempero. Supplicium tuum ingens erit. Gladio meo te in duas partes[1] dividam, nisi mihi parebis.“ Nunc ingens timor sceleratum cepit. Tandem id fecit, quod Crassus iussit. Brevi tempore Aemilia et Crassus in ripa alia stabant.

32 Im Geisterdorf

Postquam e nave ad terram descenderunt, Aemilia et Crassus virum malum relinquebant[2] et iter[3] pergebant. Quamquam multas horas in via longa iter faciebant, nemo eis occurrebat. Crassus: „Cur nullos homines videmus?“ Brevi tempore parvum vicum intrabant. Aemilia et Crassus autem neque homines neque animalia videbant. Magna voce clamabant: „Ubi estis, qui hic vitam agitis?“ Sed nemo respondebat. Crassus: „Numquam adhuc vicum sine hominibus vidi. Omnia aedificia nunc intrabo et homines quaeram.“

Paulo post ad uxorem cucurrit: „Profecto nemo in eo vico est. Quod non intellego: Nam nulla signa calamitatis cognovi.“ Dum id dicit, subito post villam umbram hominis movere videt. Statim ad eum locum currit et clamat: „Quis es? Cur te post aedificium condis?“ Feminam vidit, quae effugere temptat. Sed paulo post eam comprehendit. Quae magno cum timore orat: „Si vitae meae temperaveris, tibi omnem pecuniam, quae mihi est, dabo.“ Crassus: „Depone timorem! Amici, non scelerati sumus! Cur nos effugis?“ Femina: „Nonne es unus e militibus saevis, quos tyrannus per vicos mittit?“ Crassus: „Non sum. Sed narra: Cur neque homines neque boves aut equi in vico sunt?“ Femina: „Omnes rustici[4] in silvas effugerunt omniaque sua secum rapuerunt, quia per nuntios cognoverunt vires tyranni ad villas rusticas accedere. Constat enim milites alios homines necare, alios in vincula dare et in urbem tyranni abducere.“ Crassus: „Cur id faciunt?“

---

[1] **pars, partis** *f* Teil – [2] **relinquere** verlassen, zurücklassen – [3] **iter, itineris** *n* Reise – [4] **rūsticus** Bauer

Femina: „Id agere tyrannus iubet. Scio eum apud milites eiusmodi verba dixisse: *‚Audite, milites! Mihi ingens regnum est. Rex potens semper suos magnis spectaculis*[1] *delectare vult. Quod etiam ego libenter faciam, si mihi adfueritis. Si enim multos homines huc vi abduxeritis, ludos vobis faciam*[2]. *Quos ii, qui nunc vivunt, et posteri semper memoria tenebunt.‘* Scire debetis eum tyrannum numquam crudelitati suae temperare. Supplicia acerba invenit: Iussit milites suos hostes de monte pellere. Saepe etiam milites saevi hostes in vincula dant et saxa dura in eos, qui se movere non possunt, mittunt. Quorum corpora postea in silvis, in agris, in viis iacent. Etiam audivi tyrannum amicum ad cenam vocavisse. Postquam familiari modo sermonem cum eo habuit, unum e custodibus iussit hominem miserum sine causa necare. Tyranno bona mens non est. Vi, criminibus, crudelitate gaudet. Sed narrate mihi: Cur ultro in id regnum venistis?“

Postquam Crassus causam itineris nominavit, dixit: „Existimo milites tyranni Balbum nostrum rapuisse et in urbem tyranni abduxisse. Ibi certe eum inveniemus. Femina bona, quaeso, narra mihi omnia, quae scis. Cuncta enim de eo tyranno scire cupio.“ Femina libenter narrabat: „Iam diu rex noster bonus de vita decessit. Constat eum filio uni regnum promisisse, filium autem gladio nepotis mali occidisse. Qui nunc tyrannus est et ingenti licentia regit. Postquam rex probus de vita decessit, omina atra homines terruerunt. Caelum atrum fuit, serpentes subito de tectis templorum ceciderunt, sacerdotibus[3] non iam vox fuit. Tamen initium regni recentis felix fuit. Mox autem rex novus mentem malam suam ostendit. Primo milites iussit mercatores aliarum nationum terra marique opprimere, tum etiam suis non iam temperavit. Itaque nos omnes vim crudelitatemque eius timemus. Consilium vobis do: Contendite domum, si tuti in patriam venire vultis. Si enim milites tyranni vos comprehenderint, numquam patriam videbitis. Servum vestrum liberare non poteritis.“

Crassus: „Non cessabimus, dum Balbum invenerimus. Vale!“ Aemilia et Crassus vicum relinquunt. Procul iam ingentia moenia et turres atras urbis tyranni aspiciunt.

---

[1] **spectāculum, -ī** Schauspiel – [2] **lūdōs facere** Gladiatorenspiele veranstalten – [3] **sacerdōs, sacerdōtis** *m / f* Priester(in)

33 In der Tyrannenstadt

Femina diu tristi vultu in via vici stabat. Quae Aemiliam Crassumque spectare non desinebat. Sciebat ingentia mala et pericula eos brevi manere. Ii autem sine metu iter ad urbem tyranni pergebant. Subito senserunt sibi ab urbe milites, qui in equis sedebant, celeri cursu occurere. Postquam milites prope accesserunt, unus ex eis manu signum dedit. Statim equi in via steterunt. Milites de equis descenderunt et vultibus acribus Crassum et Aemiliam aspexerunt. Alia manu equos duxerunt, alia manu gladios tenuerunt. Dum Aemilia vultus adversos militum spectat, ei omnia, quae femina de crudelitate militum narravit, in mentem venerunt. Animo suo iam milites saevos Crassum necare videt. Videt milites saevos se in vincula dare, videt eos se de monte pellere.

Sed subito militem, qui signum dedit, dicere audivit: „Nonne scitis, miseri, omnes homines militibus regis de via decedere debere? Date viam, nisi hic et nunc occidere vultis!“ Post ea verba miles primo gladium suum spectavit, tum impetu vehementi parvam statuam dei, quae ad viam erat, temptavit. Statim caput eius statuae ad terram cecidit. Miles voce dura clamabat: „Hahahae! Eo modo omnes occident, qui nobis resistere temptabunt. Constat antiquos deos nihil valere. Antiquis temporibus dei hominibus et spiritum et sensum donaverunt, hodie autem homines non iam curant. Nos plus quam dei valemus, quia uno impetu gladii homines miseros a casibus adversis vitae liberare possumus. Ii, qui arma nostra senserint, numquam metum sentient. Date locum nobis, deis novis, qui omni orbi terrarum salutem donabunt!“ Crassus et Aemilia non solum mentem malam, sed etiam crudelitatem eius viri cognoverunt. Itaque militibus malis viam dare non cessabant. Miles risit vultuque contento ad equum suum accessit. Paulo post milites tyranni celeri cursu properare pergebant. Quia Crassus vultum tristem Aemiliae videbat, eius manus comprehendebat et tenebat: „Cur tristis es? Nonne sensisti Mercurium[1] deum nobis adfuisse? Is nos etiam teget, si urbem intraverimus. Sunt dei, qui nos curant.“

Brevi tempore per magnam portam in urbem pervenerunt. Ibi multitudinem hominum videbant, qui ad ingens templum ascendebant[2]. Omnes cibos varios et magna vasa manibus tenebant. Crassus: „Cognoscisne nunc me recte dixisse? Sunt dei, quibus ii homines muneribus suis gratias agunt. Non timeo eos homines, qui deos colunt. Veni mecum, Aemilia! Mox sciemus, quem e deis Olympi ii colunt!“ Paulo post inter homines sunt, qui templum petunt. Omnes tacent, nemo ridet. Tum Crassus unum ex eis quaesivit: „Cur tacetis, quamquam tem-

---

[1] **Mercurius** Merkur – [2] **ascendere, ascendō** hinaufsteigen

plum nondum intravistis?“ Vir respondit: „St! Si custodes audiverint nos dixisse, nos comprehendent et in vincula dabunt.“ Crassus primo sensum eorum verborum non intellexit, tum vidit numerum virorum, qui ad duo latera templi stabant. Qui profecto vultibus adversis cunctos homines, qui ad templum accedebant, spectabant. Tamen Crassus iterum interrogabat: „Cur tot homines hodie templum intrant?“ Vir paulum dubitavit, tum respondit: „Mos[1] novus est, quem tyrannus nobis imperavit.“ Plus dicere non potuit, quia sensit custodem sibi manu signum dare. Tandem templum intrant. Initio nihil vident, carmina tantum audiunt.

34 Im Tempel der sprechenden Statue

Aemilia et Crassus cum multis hominibus iam templum ingens intraverant. Intus tenebrae erant. Solum carmen puerorum et puellarum audiebant. Crassus: „Certe liberi eo carmine deum colunt. Iam antiquis temporibus homines eo modo deis gratias egerunt.“ Subito homines, qui adhuc nihil viderant, clamabant. Cuncta enim nunc cognoscere poterant, quia ministri templi intus ignes incenderant. Medio in templo ingens statua erat, cuius caput tectum[2] templi tangebat. Quae vultu crudeli parvos homines aspexit. Magno in metu erant. Statim omnes homines ante magnos pedes statuae in terra iacebant neque corpora sua movebant.

Solum Aemilia et Crassus stabant et simulacrum dei spectabant. Videbant in umeris statuae esse serpentem saevam, quae corpus suum longum ad pectus dei movebat. Videbant ingentem deum alia manu telum acre, alia manu orbem terrarum tenere. Deinde sub ingenti pede dei ruinas[3] statuae Iovis iacere cognoverunt. Denique ad sinistrum latus simulacri statuam leonis[4] fortis videbant, qui, ut putabant, magna voce clamabat. Aemilia: „Quis is deus est, Crasse?“ Crassus: „Adhuc putabam me deos et simulacra deorum non ignorare. Sed quamquam in multis templis fueram, statuam eius modi numquam vidi.“ Subito statua vocem ex ingenti pectore misit: „Audite verba dei novi! Sum Tyrannus Rex, qui mox omni orbi terrarum imperabit. Potens sum: Videte gladium, quem manu mea teneo! Videte etiam animalia saeva, quae impetu vehementi omnes interficient, qui mihi resistent! Videte signum victoriae meae! Iovem superavi; nunc deus antiquus sub pede meo iacet. Cecidisse deos antiquos nunc constat. Qui vobis

---

[1] **mōs, mōris** *m* Sitte, Brauch – [2] **tēctum, -ī** *hier*: Decke – [3] **ruīnae, -ārum** Trümmer – [4] **leō, leōnis** Löwe

non iam auxilio venient. Ego supplicio simili afficiam cunctos homines, qui mihi non paruerint. Haud difficile est parere, sed est difficile supplicio acri de vita decedere. Sed si omnia, quae imperavi, perfeceritis, vobis magnum spectaculum[1] dabo. Multos homines ex cunctis nationibus orbis terrarum in arena pugnare videbitis. Gaudete mecum ludis futuris! Discetis crudelitatem plus valere quam ceteras artes hominum!"

Dum Aemilia et Crassus statuam spectant et eius verba audiunt, non senserunt nonnullos ministros templi ad se accessisse. Qui dura voce interrogaverunt: „Cur non ut ceteri homines in terra iacetis et eo modo deum nostrum colitis?" Crassus respondit: „Libenter deos, sed numquam hominem colam. Nonne videtis id simulacrum hominis esse, qui vult omnes putare se deum esse? An putatis deum eam vocem misisse? Scio virum in corpore statuae se condere, qui magna voce ea verba fecit. Certe tyrannus unum ex ministris suis ea verba facere iussit. Nam crudelitate sua vos terrere vult. Existimo eum occulte dicere: ‚Si homines timebunt, parebunt. Si eis spectacula[1] crudelia dedero, me et amabunt et timebunt.'" Crassus plus dicere non potuit, quia ministri templi eum comprehenderant et cum Aemilia ex templo duxerant.

---

[1] **spectāculum, -ī** Schauspiel

35 Entscheidungskampf in der Arena

Extra templum ministri Crassum et Aemiliam militibus tyranni mandabant. Qui duos statim in vincula dederunt et per vicos angustos urbis ad aulam[1] tyranni abduxerunt. Dum ingens atrium aulae intrant, in latere dextro et sinistro varia simulacra viderunt. In primo simulacro Prometheum cognoscebant, quem aquila[2] vulnere recenti afficiebat. In secundo simulacro virum miserum ingens saxum volvere spectabant. Aemilia: „Quis is est?" Crassus: „Dei", ait, „Sisyphum in dies[3] saxum volvere iubebant, quia eis non paruerat. Id saxum post labores eius miseri hominis semper de monte cadit. Itaque Sisyphus iterum atque iterum saxum frustra in montem volvere debet." In tertio Tantalum videbant, qui, quamquam media in aqua stabat, tamen sitim[4] exstinguere non poterat. Nam aquam manibus suis tangere semper frustra temptabat.

Subito Aemilia et Crassus vocem duram audiebant: „Quaeritisne quartum simulacrum? Quod brevi tempore amicus praeclara cum arte perficiet. Posteri in eo simulacro res adversas vestras cognoscent. Vos ingenti cum crudelitate occidisse spectabunt. Ut enim Prometheus, Sisyphus, Tantalus imperia deorum vio-

[1] **aula, -ae** Hof – [2] **aquila, -ae** Adler – [3] **in diēs** von Tag zu Tag – [4] **sitis, sitis** *f* Durst

laverunt, ita vos me, deum novum, in meo templo violavistis. Nam me deum non esse dixistis." Tandem Aemilia et Crassus regem crudelem videbant: ingens corpus, magnum pectus, vastos umeros habebat. Crassus: „Te violare certe non cupivimus. Solum Balbum, servum nostrum, quaerimus. Scelerati eum rapuerunt. Quia is semper magna cum virtute nos a periculis servavit, ei nunc adesse volumus. Nam amico auxilio venire signum virtutis est. Estne apud te adulescens, qui lingua haesitat[1]?" – Tyrannus: „Meae copiae in omni orbe terrarum iuvenes et viros colligunt, qui mox in arena pugnabunt. Puto Balbum inter eos esse. Quamquam difficile erit eum in multitudine hominum invenire, custodes mei eum arcessent. Nam consilium praeclarum mihi est: Ego in arena cum milite forti contra te et Balbum pugnabo. Nos milites crudelitatis erimus, vos milites virtutis eritis. Si nos superaveritis, tuti domum pergere poteritis. Sin autem[2] vos vicerimus, magna cum crudelitate occidetis. Tum quarto simulacro eum titulum[3] idoneum dabo: ‚Crudelitas virtutem vicit, vincit, vincet.' Custodes, abducite eos in vincula! Ibi multos dies sine cibo vitam miseram agent, dum tempus idoneum adfuerit. Hahahae! Valete, miseri!" Crassus subito verba magi[4] memoria tenebat. ‚Balbus in loco erit, in quo viri fortes de vita sua contendent. Magna multitudo hominum ibi aderit.' Nunc intellexerat eum locum, de quo magus dixerat, amphitheatrum tyranni esse.

Scilicet custodes imperio tyranni parebant: Crassum et Aemiliam in vincula abduxerunt et eis per multos dies nullos cibos dabant. Tandem dies pugnae[5] aderat. Custodes Aemiliam et Crassum in amphitheatrum duxerunt. Ibi clamorem turbae audiebant, metum adulescentium sentiebant, videbant varia vulnera virorum, qui contra alios viros aut animalia fera pugnaverant. Multas horas caedes acerba erat: alii statim occidebant, alii paulo post vulneribus malis de vita decedebant. Subito custodes Crassum mediam in arenam rapiunt, ibi ei gladium dant.

Tum Balbum arcessunt, qui iam telum manu dextra tenet. Crassus Balbum salutat: „Gaudeo, quia te video, Balbe! Sed laetus non sum, quia te in arena video." Balbus: „Ma-magnum me-metum ha-habeo, do-domine!" „Profecto magnum periculum nos exspectat. Sed in rebus difficilibus spem deponere non oportet. Porcius senex mihi gladium donavit, cuius usu omnes hostes vincere possum." Iam tyrannus cum milite ad duos socios accedit et magna voce clamat: „Vos omnes, qui in amphitheatro meo estis, audite! Videbitis me, regem

[1] **linguā haesitāre** stottern – [2] **sīn autem** wenn aber – [3] **titulus, -ī** Aufschrift – [4] **magus, -ī** Zauberer – [5] **pūgna, -ae** Kampf

vestrum, cum meo comite contra eos viros pugnare. Nos pro victoria crudelitatis pugnamus, ii milites virtutis se nominant. Mox cognoscetis crudelitatem plus valere quam virtutem!“ Postquam id dixit, cursu celeri ad Balbum properavit et dextra manu ad pectus eius pellebat. Is statim ad terram cecidit corpusque non iam movit. Tyrannus vultu superbo risit: „Hahahae! Virtus in terra iacet. Putabam virtutem nomen habere a viris, non a pueris! Hahahae! Veni, Crasse! Impetum tuum iam exspecto.“ Crassus autem ingentem virum temptare dubitat. Tum is magna voce: „Nisi me statim temptaveris, comitem meum iubebo Balbum iuvenem necare.“

Crassus non iam cessavit, sed pedibus celeribus ad tyrannum cucurrit. Diu inter se pugnabant. Frustra alius alium vulnere afficere temptabat. Crassus denique sensit sibi vim deesse, quia per multos dies nihil cenaverat. Tyrannus acerba voce: „Si te interfecero, corpus tuum indigno modo in centum partes dividam. Nam leones[1] meos semper bene alere cupio.“ Crassus omnem vim collegit, gladium duabus manibus comprehendit, ingenti impetu gladium in pectus tyranni condidit[2]. Omnes corpus ingens tyranni in arenam cadere videbant. Primo cuncti tacebant, deinde clamabant et gaudebant. Sciebant enim nece tyranni finem crudelitatis adesse. Magnis vocibus virtutem Crassi laudabant. Is paulo post cum Balbo et Aemilia domum pergebat. In itinere ex Aemilia uxore quaesivit: „Cur Porcius libellum tibi dedit?“ Aemilia respondit: „Omnes fabulas, quas audivimus, omnia pericula, quae suscepimus, omnes res, quas vidimus, ei libello mandavi. Nam scio liberos quintae classis[3] futurae ea omnia cognoscere velle.

Nunc laeta sum, quia fabulae fuit felix

FINIS.

---

[1] **leō, leōnis** Löwe – [2] **gladium in pectus condere** das Schwert in die Brust stoßen – [3] **classis, -is** *hier*: Klasse

ersetzung

eise für die Lehrkraft: Dieser zusammenhängende kleine Abenteuerroman verfolgt die Grundidee, schon in der herwerbsphase dem Schüler die Möglichkeit einer durchgängigen Lektüre zu bieten. Der Fortsetzungscharakter stei- ie Lern- und Lesemotivation der Schüler, da sie ihr Wissen unmittelbar umsetzen können und müssen, wenn sie ortgang der Geschichte verfolgen wollen.
leine Roman besteht aus 25 Kapiteln, die in der Reihenfolge des Wortschatzes und der Grammatik dem Lehrbuch n mit Felix 1" folgen, und zwar ab Kapitel 11. Dabei wurde in jedem Kapitel nicht nur auf eine ausreichende ilzung des jeweiligen neuen Wortschatzes und eine hohe Phänomendichte des jeweils aktuellen Grammatikstoffes, n auch auf kontinuierliche immanente Wiederholung geachtet, sodass sich eine gute Zusatzmöglichkeit zur rholung, Vertiefung und Einübung bietet. Inhaltlich wurde Wert gelegt auf altersspezifisch interessante Geschichten derlei Geschlecht, die teils märchenhaften, teils abenteuerlichen Charakter haben.
Hauptverwendungsmöglichkeiten bieten sich an: Im Rahmen der ab Schuljahr 2004/05 geltenden vierungsstunden bietet dies Lesebändchen sicher willkommenes Zusatzmaterial dar, zumal es sukzessive mit dem enden Unterricht verzahnt ist. Es kann für den Schüler aber auch eine zusätzliche Möglichkeit für die häusliche g darstellen, und nicht zuletzt ist es geeignet, den Schülern in den Sommerferien eine gute Wiederholungsmöglichkeit des gesamten Stoffes der 5. Klasse in unterhaltsamer Form zu bieten.

11 Aemilia sucht mit den Freundinnen Cornelia und Secunda Rom auf. Weil die Frauen vorhaben, Schmuckstücke zu betrachten und zu kaufen, eilen sie zum Forum. Schon sind sie da. Aemilia sagt: „Seht die Tempel und Standbilder!" Cornelia antwortet: „Gewiss sehe ich die Denkmäler, aber vor allem die Kaufleute und Läden. In den Läden haben die Kaufleute nicht nur Geschenke, sondern auch Gold und Silber. Ich ersehne es, Schmuckstücke zu sehen. Ebenso ersehnt ihr es, Ketten, Ringe und Armreife zu sehen. Warum betreten wir nicht den Laden?" Aemilia sagt: „Du fragst zu Recht, Cornelia." Sie kommen zum Laden, wo der Kaufmann an der Tür steht und die Leute schon erwartet: „Tretet ein, wenn ihr vorhabt, Schmuckstücke zu kaufen!" Die Frauen betreten den Laden. Während sie die Schmuckstücke berühren und prüfen, tritt auch ein Herr ein und betrachtet die Schmuckstücke. Der Kaufmann sagt zu Aemilia: „Was suchst du?" Aemilia antwortet: „Ich suche eine Gewandspange. Warum liegen hier keine Gewandspangen?" Der Kaufmann lacht und geht weg. Er bringt Gewandspangen. Aemilia betrachtet, ergreift und prüft die Gewandspangen. Schließlich fragt sie den Kaufmann nach den Preisen. Die Preise beunruhigen Aemilia. Sie legt die Gewandspangen sofort nieder: „Du verlangst zu viel, Kaufmann!" Der Händler lacht nicht mehr, sondern verletzt die Freundinnen mit Worten: „Wenn ihr kein Geld habt, geht weg! Die Tür steht offen!" Dann bereitet der Händler vor, die Schmuckstücke zu ordnen. Plötzlich schreit er: „Eine Gewandspange fehlt! Wer ist der Dieb? Du hältst gewiss die Gewandspange zurück, Frau!" Aemilia ruft: „Ich habe die Gewandspange nicht. Ich bin kein Dieb." Plötzlich sagt der Herr: „Zu Recht erregt das Unrecht die Frau, Händler. Sie hat die Gewandspange sicher nicht. Die Gewandspange ist nämlich hier. Hier liegt sie." Nun sieht auch der Händler die Gewandspange. Er freut sich und hat sofort vor, die Frauen mit Worten zu erfreuen und zurückzuhalten. Aber weder Aemilia noch Cornelia oder Secunda sind mehr im Laden. Der Herr sagt zum Kaufmann: „Ich muss dich kritisieren, weil du ohne Grund die Frauen mit Worten verletzt. Ich will (bemühe mich) hier keine Schmuckstücke mehr kaufen." Der Händler hat vor, den Herrn mit Worten zurückzuhalten, aber der Herr zögert nicht, aus dem Laden wegzugehen.

12 Inzwischen suchen Aemilia, Secunda und Cornelia das Forum auf. Sie wollen keine Schmuckstücke mehr betrachten, sondern ein wenig ausruhen. Auf dem Forum betrachten sie die Händler und das Volk und hören Stimmen: „Kauft, Damen und Herren! Prüfe bitte den Wein, Senator! Berührt und prüft die Speisen, Frauen! Kommt endlich und tragt das Getreide, Diener! Die Leute warten schon lange auf das Getreide und fordern es." Secunda sagt: „Ich höre immer die Worte ‚Wein' und ‚Speise'. Ich will auch Speisen haben. Warum betreten wir nicht ein Wirtshaus? Freut ihr euch etwa nicht über Speisen?" Während die Freundinnen vorhaben, zu einem Wirtshaus zu kommen, hören sie plötzlich ein Geschrei: „Pferde eilen auf das Forum! Geht weg! Rettet die Söhne und Töchter vor den Pferden! Niemand hält die Pferde vom Forum und der Menschenmenge fern! Macht Platz!" Cornelia sagt: „Wer schickt die Pferde auf das Forum und in die Menschenmenge?" Aemilia antwortet: „Gewiss schickt niemand Pferde in die Menschenmenge. Wisst aber: Täglich bringen Pferde aus den Dörfern Getreide zum Forum. Danach liegen sie in der Nähe und ruhen aus, während Sklaven die Pferde vom Getreide befreien. Aber manchmal verletzen Pferdebremsen die Pferde und hetzen sie auf. Dann liegen die Pferde nicht mehr und gehorchen nicht mehr. Sie galoppieren durch die Straßen, weil sie von den Pferdebremsen loskommen wollen. Seht! Hört! Die Pferde kommen schon, ja sie sind sogar schon da! Spürt ihr etwa nicht die Gefahr? Eilt in die Gerichtshalle, wenn die Tore offen stehen!" Tatsächlich suchen die Freundinnen sofort die Gerichtshalle auf. Aemilia aber zögert ein wenig, die Gerichtshalle zu betreten, weil sie eine Stimme hört: „Helft! Kommt hierher! Rettet mich aus der Gefahr!" Sie sieht einen alten Mann auf dem Forum. Der alte Mann hat vor, wegzugehen, aber er fällt. Wiederum strebt der alte Mann mit seiner Stimme nach Hilfe. Die Pferde kommen heran …

13 Der alte Mann liegt auf dem Forum und ruft: „Helft einem alten Mann! Ich fürchte mich vor den Pferden!" Niemand ist auf dem Forum. Die Pferde kommen heran … Plötzlich hört Aemilia eine Stimme: „He!" Ein Herr steigt von einem Tempel herab und eilt zu dem alten Mann. Dann tritt er den Pferden entgegen und hat vor, die Pferde mit Geschrei vom alten Mann fern zu halten. Tatsächlich bleiben die Pferde stehen. Weil der Herr und sein

Geschrei die Pferde beunruhigen, bleiben sie an Ort und Stelle. Endlich kommen die Wächter herbei und ergreifen die Pferde. Der alte Mann freut sich und sagt dem Herrn: „Ich danke dir, Herr! Wie ein Gott rettest du mich aus der Gefahr. Was verlangst du? Ich will dir Gold und Silber geben." Der Herr schweigt ein wenig. Schließlich zeigt er dem alten Mann den Tempel und sagt: „Sag den Göttern Dank! Schenk den Göttern Gold und Silber! Wir müssen die Götter verehren. Die Götter nämlich helfen immer den Herren, den Frauen, den Söhnen, den Mädchen, den Senatoren, den Dienern und den Händlern. Leb wohl, alter Mann!" Aemilia zeigt ihrer Freundin Cornelia den Herrn und fragt: „Wer ist der Herr? Richtig und gut erzählt er von den Göttern." Cornelia fragt: „Kennst du den Herrn etwa nicht? Es ist Crassus. Er hat viele Freunde, weil er immer ein Gefährte in Gefahren ist. Wie du siehst, hat er niemals Angst." Aemilia sagt: „Ich kenne Crassus noch nicht, aber ich sehne mich danach, Crassus zu kennen." Die Freundinnen lachen: „Aemilia sucht einen Ehemann. Crassus gefällt der Aemilia. Freundin Aemilia sehnt die Hochzeit herbei." Aemilia lacht und schweigt.

14 Die Freundinnen Cornelia und Secunda fühlen richtig: Tatsächlich gefällt Crassus der Aemilia. Während Aemilia den Crassus immer wieder betrachtet, halten die Freundinnen eine Beratung ab. Schließlich sagt Secunda der Aemilia: „Betrete die Gerichtshalle. Betrachte dort die Standbilder! Die Standbilder kennst du nämlich noch nicht. Uns gefallen die Standbilder. Es ist nötig, die Standbilder zu sehen." Wie Cornelia und Secunda wissen, liebt Aemilia Denkmäler. Tatsächlich betritt sie die Gerichtshalle und sucht im Inneren die Standbilder. Die Freundinnen freuen sich: „Der Plan gefällt. Aemilia ist bereits in der Gerichtshalle. Jetzt rufen wir Crassus und schicken ihn in die Gerichtshalle. Aemilia sieht den Crassus bald." Die Freundinnen rufen plötzlich laut: „Hilf uns bitte, Crassus! Freundin Aemilia ist nicht mehr da. Ohne dich finden wir Aemilia nicht. Ängste beunruhigen uns: Oft bereiten Verbrecher auf Frauen Mordanschläge vor. Wo ist sie? Suche mit uns die Freundin!" Crassus kommt sofort und grüßt: „Sei gegrüßt, Cornelia, sei gegrüßt, Secunda! Ich helfe euch gern. Wo suchen wir Aemilia? Mit euch zusammen finde ich Aemilia sicher bald." Aber weder Crassus noch die Freundinnen müssen Aemilia suchen, weil sie schon aus der Gerichtshalle kommt. Sie fragt die Freundinnen: „Wo sind die Standbilder? Warum spielt ihr mit mir? Ich muss euch schimpfen. Warum schickt ihr mich in die Gerichtshalle, obwohl dort keine Standbilder sind? Sagt mir: Warum geht ihr plötzlich von mir weg? Hört auf, davonzueilen!" Die Worte aber halten Secunda und Cornelia nicht zurück; sie zögern nicht, wegzugehen. Plötzlich hört Aemilia eine Stimme: „Ich freue mich, weil die Freundinnen endlich weg sind." Aemilia schaut und – sieht Crassus. Crassus sagt: „Du bist gewiss Aemilia. Wie ich fühle, wollen mir deine Freundinnen helfen. Denn ich sehne mich danach, ohne Cornelia und Secunda mit dir zusammen zu sein. Daher verzeih den Freundinnen: Sie wollen nicht dich verletzen, sondern mich erfreuen." Aemilia sagt: „Gerne verzeihe ich heute den Gefährtinnen Secunda und Cornelia. Auch ich will mit dir zusammen sein. Erzähle mir über dich, wenn es dir gefällt." „Ich erzähle dir gern von mir. Warum betreten wir nicht ein Wirtshaus?"

15 Aemilia grüßt ihre Freundinnen Secunda und Cornelia. Seid gegrüßt, Freundinnen! Ich schicke einen Brief, weil ich euch nicht nur verzeihen, sondern auch Dank sagen will. Ich schimpfe euch nicht mehr, ja lobe euch sogar, weil ihr mir immer helft. Tatsächlich gefällt mir Crassus und, wie ich jetzt weiß, ich gefalle dem Crassus auch. Wir lieben uns und bereiten die Hochzeit vor. Gerne laden wir euch zum Essen ein. Kommt in das Landhaus des Crassus und freut euch mit uns! Lebt wohl! Endlich ist die Hochzeit da. Im Landhaus des Crassus bereiten Diener und Dienerinnen den Gästen eine Mahlzeit zu. Kaufleute kommen vom Forum. Sie bringen Speisen und Weine herbei. Aemilia hört die Stimme eines Kaufmanns: „Wo ist der Ehemann? Ich will dem Ehemann Crassus einen Wein schenken." Crassus kommt bereits und dankt dem Freund. Aemilia sagt: „Schon lange warte ich auf den Brief der Freundinnen. Warum kommt der Bote heute nicht?" Crassus berührt die Schultern Aemilias: „Gewiss bringt der Bote dir den Brief bald. Der Bote muss aber nicht nur den Brief der Freundinnen, sondern auch die Briefe der Händler und Senatoren zu den Mietshäusern, den Stadt- und Landhäusern bringen." Während Crassus und Aemilia über Briefe erzählen, bittet der Diener Balbus den Diener Flavus: „Erlaube mir die Gefäße zu tragen!" Flavus antwortet: „Ich erlaube dir nicht, die Gefäße zu tragen. Immer nämlich zerbrichst du die Gefäße. Hör auf, die Gefäße zu verlangen! Pst! Ich höre die Stimme der Herrin. Du musst zur Herrin eilen. Ich trage die Gefäße." Während die Hausgemeinschaft arbeitet, verlassen die Gäste die Mauern Roms und suchen das Landhaus des Crassus auf. Zuerst beeilen sie sich, bald wollen sie ausruhen. Daher sitzen sie im Schatten eines Baumes. Wenig später verlassen sie den Schatten der Bäume und gehen zum Landhaus des Crassus.

16 Aemilia steht an der Tür des Landhauses und lacht: „Seid gegrüßt, Gäste! Wir erwarten euch schon lange. Betretet mit mir das Landhaus! Zuerst könnt ihr ausruhen, dann essen und erzählen. Die Gehilfen bereiten die Mahlzeit vor." Aemilia ruft: „Komm, Crassus, die Freunde sind endlich da. Wie du sicher weißt: Der Gastgeber muss die Freunde sofort begrüßen." Aber der Gastgeber Crassus kann die Freunde nicht begrüßen. Denn er ist noch nicht da. Wo ist Crassus? Aemilia ruft wiederum: „Crassus, wo bist du? Die Gäste erwarten dich." Crassus kommt nicht herbei. Dann sagt Aemilia zum Diener Balbus: „Beeil dich, Balbus, und hole den Herrn herbei! Die Stunde des Essens ist da." Aber Balbus kann den Herrn nicht finden. Er sagt der Herrin: „Ich kann Crassus nicht finden. Er ist weder im Haus noch auf der Straße." Jetzt beunruhigt eine Angst die Aemilia: „Wenn der Abend da ist, können wir in der Dunkelheit den Crassus nicht finden. Wo ist er?" Plötzlich hören die Gäste die Stimme eines Jungen: „Hört! Hört! Crassus ist auf dem Feld hinter dem Landhaus. Er schläft im Schatten eines Baumes!" Sofort verlässt Aemilia das Landhaus und geht zum Feld. Tatsächlich liegt Crassus beim Wasser einer Quelle und schläft. Nun berührt Aemilia ihren Ehemann. Crassus sagt: „Wo bin ich? Wer bist du? Was willst du von mir? O, Aemilia." Aemilia fragt: „Warum rastest du hier, Crassus? Ich bereite mit den Dienern Speisen zu, schlichte Gefäße und begrüße die Gäste. Und du? Du schläfst!" Crassus sagt: „Verzeih mir! Natürlich gehört es sich nicht, zu schlafen, während du arbeitest." Aemilia lacht: „Ich verzeihe dir gern. Aber jetzt komm mit mir zum Essen!" Bald sehen die Gäste den Crassus und begrüßen ihn. Endlich können sie essen und sich an den Speisen erfreuen. Zuerst bringen die Gehilfen Eier, hierauf Rotbarben, dann Äpfel und schließlich Weine herbei. Den Gästen gefallen die Speisen. Nach dem Essen hören Crassus und Aemilia die Geschichten der Freunde.

17 Einer von den Gästen fragt die Freunde: „Kennt ihr die Geschichte vom Kaufmann und dem Dieb?" „Erzähle sie uns bitte!" „Der Kaufmann Appius geht in der Markthalle seinen Geschäften nach. Zuerst ordnet er verschiedene Speisen und verschiedene Weine, hierauf wartet er auf die Leute, dann verkauft er einigen Senatoren und Dienern Speisen. Bald ist der Abend da. Appius hält den Lärm der Menschenmenge nicht mehr aus. Daher sehnt er sich danach, von der Markthalle nach Hause wegzugehen. Sein Freund Nonius fragt Appius: „Gehst du ohne Begleiter nach Hause? Fürchtest du etwa nicht die Gefahren der Dunkelheit? Vor den Stadttoren warten Diebe auf dich. Bleib, bitte! Warum schläfst du nicht in einem kleinen Wirtshaus?" Appius sagt fröhlich: „Ich danke dir, weil du mir helfen willst. Aber ich bin ohne Furcht und will ohne Begleiter nach Hause kommen. Leb wohl!" Bald verlässt Appius die alten Mauern Roms. Niemand begegnet dem Kaufmann. Appius sieht in der Dunkelheit nur die Schatten der Bäume, der Häuser und der Berge. Plötzlich tritt mitten auf dem Weg ein Mann aus der Dunkelheit hervor. Mit harter Stimme befiehlt er dem armen Kaufmann: „Gib mir Geld!" Appius fragt: „Wer bist du?" „Ich bin ein Dieb. Ich will Geld von dir haben!" Weil der anständige Kaufmann Angst hat, gehorcht er den Worten des Verbrechers auf der Stelle und gibt dem Dieb das Geld. Der Dieb sagt: „Ich danke dir, weil du mir das Geld gibst. Leb wohl!" Während Appius die Worte des Diebs hört, erkennt er die Stimme des Freundes Nonius. Sofort kritisiert der den Freund: „Warum beunruhigst du mich in der Dunkelheit so?" Nonius antwortet: „Es gehört sich nicht, den Ratschlag eines guten Freundes zu verlachen. Jetzt kennst du die Gefahren der Dunkelheit." Appius sagt fröhlich: „Du sagst es zu Recht: Die Gefahren der Nacht sind tatsächlich nicht gering. Aber nun komm mit mir in das Landhaus! Wir müssen essen und uns ausruhen." Die Freunde loben die schöne Geschichte des Gastes. Immer wieder wollen sie verschiedene Geschichten hören.

18 Während die Diener Wein und Wasser bringen, ruft Crassus mit lauter Stimme: „Heute sind wir fröhlich und zufrieden. Gerne erzähle ich euch eine Geschichte. Hört! Die Buben Sextus und Terenz eilen ohne Angst in einen menschenleeren Wald. Dort wollen sie in einer Höhle spielen. Wie sie wissen, ist die Höhle groß. Sie finden die Höhle bald, betreten sie, steigen hinab. In der Dunkelheit können sie wenig sehen. Plötzlich erschreckt eine elende Stimme die Kinder: „Helft mir!" Zuerst zögern die Buben, dann steigen sie weiter hinab. Wiederum hören sie die Stimme: „Kommt und helft mir Armen!" Endlich sehen die Kinder den Grund des Geschreis. Ein Zwerg sitzt auf einem Felsblock und hält ein Mädchen in einem kleinen Käfig fest. Der Bub Sextus ruft: „Erlaube dem Mädchen sofort, wegzugehen! Fürchtest du uns etwa nicht? Denn niemand kann dir helfen, wenn wir dich verletzen. Du bist einer, wir zwei!" Schon hat Sextus vor, den Oberarm des Zwergs zu berühren, aber er kann plötzlich nicht mehr vorwärts gehen. Zaubersprüche des Zwergs halten den Jungen zurück. Er muss wie ein Standbild stehen bleiben. Der Zwerg lacht mit lauter Stimme: „Was machst du jetzt, Junge? Macht weiter, mich so zu erschrecken! Ich will nämlich immer lachen. Hahaha! Ihr müsst wissen: Niemand kann mir Widerstand leisten. Aber ich erlaube euch, das arme Mädchen zu befreien. Einer von euch muss im riesigen Wald das Zauberkraut finden. Dann könnt ihr mit dem Mädchen die Höhle verlassen." Sofort will Terenz das Kraut suchen und finden. Während er sich vorbereitet, die Höhle zu verlassen, ruft der Zwerg: „Beeil dich, Bub! Denn im Wald ist bald die Dunkelheit der Nacht da. Hahaha!" Während Terenz aus der Höhle weggeht, sagt er zu sich: „Niemals kann ich in einem so riesigen Wald das Kraut finden."

19 Plötzlich hört Crassus auf zu erzählen. Denn er will ein wenig ausruhen. Die Gäste aber wollen die Geschichte sofort hören. Daher bitten sie den Crassus: „Warum zögerst du? Mach weiter mit dem Erzählen, bitte! Wir wollen von den Belastungen und den Anstrengungen des Terenz und des anderen Jungen hören!" „Ich freue mich, weil euch meine Geschichte gefällt. Wenn ihr das Übrige hören wollt, erzähle ich euch gern: Der Bub Terenz steht im menschenleeren Wald und sagt zu sich: „Meine Lage ist schlimm. Wo finde ich das Zauberkraut in einem so riesigen Wald? Ich sehe viele Bäume, aber keine Kräuter." Plötzlich berührt eine schöne Frau die linke Seite des Jungen. Terenz fragt: „Wer bist du?" „Ich bin die Königin des Waldes. Was suchst du mitten im Wald? Fürchtest du etwa nicht die Gefahren der Nacht?" Der Bub Terenz antwortet: „Ein schlimmer Zwerg hält ein Mädchen und meinen Freund in einer Höhle fest. Er verlangt ein Zauberkraut. Ich will die Freunde vor der Gefahr bewahren, aber ich kann das Kraut nicht finden. Ich bitte dich: Zeige mir den Ort des Zauberkrauts!" Die Königin des Waldes entgegnet: „Ich zeige dir gern den Ort, weil du ein guter Junge bist und den Freunden helfen willst." Tatsächlich führt die Königin des Waldes den Bub zum Kraut. Dann gibt sie dem Terenz den Ratschlag: „Berühre den Körper des Zwergs mit dem Kraut! So kannst du die Freunde befreien und den schlimmen Zwerg besiegen. Aber du darfst dem Zwerg nicht das Kraut geben. Dann nämlich kann er euch vernichten." Weil die Dunkelheit schon da ist, dankt der Junge der Königin und eilt zur Höhle. Schon lange wartet der Zwerg auf den Jungen: „Ah, endlich kommst du. Du trägst das Kraut mit dir, wie ich sehe. Gib mir endlich das schöne Geschenk des Waldes! Dann kannst du deinen Freund und das arme Mädchen mit dir hinausführen." Terenz aber gehorcht den trügerischen Worten nicht. Er berührt den kleinen Körper des Zwergs mit dem Kraut und – plötzlich ist der Zwerg nicht mehr da. Die Kinder sind fröhlich und danken dem guten Freund: „Der schlimme Zwerg kann keine Verbrechen mehr vorbereiten. Du bist tüchtig, Terenz, weil du niemals zögerst, uns zu helfen." Terenz antwortet: „Es gehört sich, große Belastungen gern auf sich zu nehmen, wenn Freunde in Gefahr sind. Aber nun verlasst mit mir die Höhle! Denn gewiss wollt auch ihr nach Hause gehen." Die Geschichte gefällt den Freunden. Während die einen Crassus loben, machen andere dem Crassus bittere Vorwürfe: „Warum hörst du mitten in der Geschichte auf zu erzählen?

Selten ist ein Gastgeber so rücksichtslos. Aber weil deine Geschichte so schön ist, verzeihen wir dir gern."

20 „Freund Crassus, erzähle bitte einiges über das Mädchen, das der Zwerg festhält!" Crassus antwortet: „Aber das schöne Mädchen ist nicht mehr in der Höhle, wie ihr wisst. Was wollt ihr hören?" Einer von den Freunden sagt: „Wo lebt das Mädchen? Auf welche Weise ist das Mädchen ohne Gefährten in den menschenleeren Wald und in die Höhle gekommen?" Crassus antwortet: „Das Mädchen, von dem ich euch erzählen will, hat einen guten Vater. Der Vater, dessen Landgut klein ist, besitzt wenig Vieh. Während der Vater die Felder bewirtschaftet, muss die tüchtige Tochter weit weg auf einem Feld für das Vieh sorgen. Aber das Mädchen ist zufrieden: Die einen Tiere freuen sich über das Getreide, andere schlafen. Weil die Sonne brennt, setzt sich das fröhliche Mädchen in den Schatten eines schönen Baumes und isst die guten Speisen, die es besitzt. Das Wasser einer Quelle, die in der Nähe ist, erfreut das Mädchen. Plötzlich geht ein Ochse, der einen großen Körper hat, von den übrigen Tieren weg und bricht zum Wald auf. Immer wieder ruft das kleine Mädchen mit lauter Stimme: „Bleib hier, großer Ochse! Warum gehst du von den Tieren weg, deren Herr du bist? Warum verlässt du die schönen Kühe, denen du gefällst?" Aber der Ochse, den das arme Mädchen weder mit Worten noch Schlägen zurückhalten kann, zögert nicht zum Wald aufzubrechen. Die Lage des Mädchens ist elend: Sie will sowohl den großen Ochsen zurückhalten als auch für die übrigen Tiere sorgen. Sie kennt die Worte des Vaters genau: „Sorge vor allem für unseren großen Ochsen! Denn bald will ich den Ochsen auf dem Marktplatz der Stadt dem Händler verkaufen, der Gold und Silber besitzt. Dann endlich können wir ohne Sorgen leben." Weil die anständige Tochter immer den Worten des Vaters gehorcht, verlässt sie die übrigen Tiere. Das kleine Mädchen sucht mit dem Ochsen, dem sie keinen Widerstand leisten kann, den Wald auf. Aber bald kann sie nicht mehr vorwärts gehen, weil die Äste der Bäume das Mädchen festhalten. Sie sieht den Ochsen nicht mehr. Während sie das große Vieh sucht und nicht finden kann, öffnet sich plötzlich unter den Füßen des Mädchens der Erdboden. So fällt das Mädchen in die Höhle des Zwergs, von dem ihr schon lange wisst."

21 Crassus sagt zu den Gästen: „Das Übrige kennt ihr genau: Der Zwerg hielt das Mädchen einige Stunden lang in der Höhle fest, bis die Buben herbeikamen und das Mädchen aus der Gefahr retteten. Jetzt gehört es sich nicht mehr zu erzählen. Denn unsere Diener wollen ein Theaterstück spielen. Hört und seht!" Schon betrat ein großer Diener das Speisezimmer und rief wie ein Soldat mit lauter Stimme: „Ich bin der Soldat, dem niemand bisher Widerstand leisten konnte. Ich bin der Soldat, den die Soldaten anderer Völker immer fürchten und fürchteten. Ich bin ein schöner Mann, den die Frauen lieben und ersehnen. Seht meinen schönen Körper an!" Plötzlich kommt ein anderer Diener herbei und sagt: „Herr, ich suchte dich an verschiedenen Orten der großen Stadt, und dennoch fand ich dich nicht. Wo warst du?" Der Soldat antwortete: „Zuerst erzählte ich im Wirtshaus vielen Menschen von den Kriegen, die ich in Afrika, Spanien, Griechenland und Italien führte, hierauf zeigte ich auf dem Marktplatz dem Volk meinen Körper und meine Wunden." „Gewiss gefielen den Menschen deine Geschichten und deine riesigen Oberarme. Auch ich höre gern deine Geschichten. Oft erschrecktest du mit deiner Stimme die Soldaten anderer Völker, oft verletztest du mit Steinen die Füße der Elefanten, oft konnten viele Feinde dir keinen Widerstand leisten! Viele Frauen ersehnten dich, liebten dich, wollten mit dir ihr Leben verbringen." Der Soldat sagte: „Schweig! Denn du erzählst Geschichten, die sogar kleine Kinder genau kennen. Komm mit mir ins Wirtshaus! Schon lange will ich guten Wein haben." Während der Soldat wegging, blieb der Gehilfe des Soldaten ein wenig an Ort und Stelle und sagte schließlich: „Wie ihr hörtet, ist mein Herr nicht nur schön, sondern auch dumm. Dennoch bin ich mit meinem Herrn zufrieden. Ich lobe den Herrn mit schönen Worten, weil er mir immer große Geschenke, verschiedene Speisen und gute Weine gibt. So führte sowohl der Herr als auch ich bisher ein zufriedenes Leben und führen es. Lebt wohl!" Während auch der Gehilfe des Soldaten das Speisezimmer verließ, riefen die Gäste mit lauter Stimme: „Tretet wieder ein, tüchtige Diener! Denn wir wollen euch danken, weil ihr uns mit einer schönen Geschichte erfreutet. Wir lachten, weil ihr gut spieltet. Wir befehlen euch, wiederum zu kommen." Tatsächlich betraten die Diener wiederum das Speisezimmer und freuten sich über die guten Worte und die kleinen Geschenke der Gäste.

22 Während die Diener fröhlich aus dem Speisezimmer gehen, sagt einer von den Gästen, ein großer Mann: „Bisher habt ihr vor allem fröhliche Geschichten gehört, Freunde. Aber ich will euch über ein schreckliches Unglück erzählen, das ich gesehen habe. Es gehört sich, manchmal Geschichten zu hören, die erfreuen, manchmal Geschichten, die beunruhigen." Crassus sagt: „Du sagst es richtig, Freund. Erzähle bitte. Denn wir haben immer danach gestrebt und streben danach, neue Geschichten zu hören." Der Gast beginnt: „Lange lebte ich in Spanien. Viele Jahre lang war ich dort glücklich. Ich hatte nicht wenige Freunde, vielen Geschäften ging ich gut nach. Endlich habe ich mich danach gesehnt, das schöne Rom, meine Heimatstadt, zu sehen. Daher bin ich von Spanien weggegangen. Ich machte eine lange Reise über große Berge, durch riesige Wälder und viele Städte. Während ich die Mauern Roms aus der Ferne sah, kamen plötzlich Boten herbei und riefen mit lauter Stimme: „Höre vom großen und neuen Unglück, Gastfreund, das wir in der Stadt gesehen haben! Ein riesiger Brand hat Rom zerstört! Viele arme Menschen sind schon gestorben. Bleib hier, wenn du dein Leben bewahren willst!" Ich aber wollte nichts hören und bin sofort zur Stadt geeilt. Tatsächlich haben mich dort die Schreie der Menschen und die großen Flammen erschreckt. Ein riesiger Brand hat die schönen Tempel und viele Häuser der Stadt zerstört. Mitten auf dem Forum brannten die Gerichtshallen, die Läden, Standbilder und Denkmäler. Manche Männer haben Gefäße getragen. Dennoch konnten sie die Flammen mit dem Wasser nicht löschen. Wie schreckliche Dinge habe ich gesehen! In der Subura haben riesige Flammen große Wohnblöcke zerstört. Viele Menschen sind von den Gebäuden weggegangen. Deshalb befand sich eine große Menge von Elenden in den engen Gassen. Aber außerhalb der Gebäude hat eine andere schreckliche Gefahr die Elenden erschreckt: Ziegel fielen von den Dächern auf die

Straßen und töteten die einen und verletzten die anderen. Niemand, der den Flammen und der Asche entkommen konnte, war ohne bittere Wunden. Ich habe das Geschrei der Frauen, Männer, Greise und Kinder kaum ausgehalten. Zuerst habe ich versucht, mich unter dem Dach eines Wirtshauses vor den Ziegeln zu retten, dann bin ich durch die engen Straßen der Subura zu den Toren der Stadt geeilt. So konnte ich endlich den Gefahren des Brandes entkommen."

23 Die Geschichte über das große Unglück Roms bewegte die Gemüter aller Gäste. Lange schwiegen sie in trauriger Gesinnung. Endlich sagte Crassus: „Du hast eine düstere Geschichte erzählt, Freund, die alle, die zugehört haben, beunruhigt hat, wie du gewiss wahrgenommen hast. Aber ich kritisiere dich nicht. Tatsächlich nämlich gehört es sich, sowohl Fröhliches als auch Trauriges kennen zu lernen. Denn das Leben der Menschen, das die Göttin Fortuna immer gelenkt hat und bis jetzt lenkt, ist vielfältig." Da berührte der Gast Statilius, der in der Nähe saß, die Schulter des Crassus: „Du fühlst richtig, Crassus: Die Göttin Fortuna ist bald fröhlich, bald traurig. Wenn ihr wollt, erzähle ich euch über einen Brand, den ich auf einem Schiff gesehen habe. Viele Jahre lang war ich Kaufmann, wie ihr sicher wisst. Weil die Menschen auf dem Marktplatz immer neue und verschiedene Weine kaufen wollen, bemühen sich die Kaufleute, in vielen Ländern neue und verschiedene Weine zu erwerben. Deshalb machte auch ich eine Reise. Zuerst brannte die Sonne, hierauf war der Himmel unfreundlich, dann düster. Plötzlich waren schwarze Wolken über unserem Schiff. Große Wellen schlugen an die Flanken des Schiffs. Weil ich mich vor dem Wasser schützen wollte, hatte ich vor, mich unter dem Deck (Dach) des Schiffes zu verbergen. Während ich hinabstieg, schickte Jupiter einen Blitz, der das Schiff in Brand steckte. Weil niemand die Flammen löschen konnte, warfen wir uns vom Schiff aus ins Wasser und suchten den Strand auf. Während wir endlich mit den Füßen auf der Erde standen, strebten wir danach, das Schiff im Wasser zu sehen, aber wir erkannten nur die Asche des Schiffs auf dem Wasser. Zuerst sind wir traurig, dann fröhlich gewesen, weil wir nicht gezögert haben, das Schiff zu verlassen. So haben wir uns vor der Gefahr des Brandes gerettet." Statilius schwieg ein wenig, dann ermahnte er die Freunde: „Jetzt gehört es sich, mit dem Erzählen aufzuhören. Während wir nämlich Geschichten erzählen und hören, entfliehen die Stunden. Es ist nicht günstig, in der Dunkelheit nach Hause zu gehen. Daher müssen wir Crassus und Aemilia verlassen. Wir danken dir, Crassus, denn wir waren viele Stunden lang in deinem Landhaus fröhlich. Wir danken deiner Aemilia, die mit freundlicher Gesinnung für alles gut gesorgt hat. Immer wieder hat sie uns befohlen, uns an den verschiedenen Speisen zu erfreuen. Wir danken auch den tüchtigen Dienern, weil sie uns nicht nur mit Speisen und Landweinen, sondern auch mit dem Stück vom kräftigen und berühmten Soldaten erfreut haben. Lebt ihr alle wohl!" Crassus sagte: „Bleibt bitte, Freunde, und schlaft in unserem Landhaus! Tatsächlich ist es nicht günstig, in der Dunkelheit nach Hause zu gehen. Schon viele Menschen haben die Gefahren der Nacht nicht erkannt und sind gestorben. Manche fielen in der Nacht von Bergen herab, andere begegneten schändlichen Verbrechern, die das gesamte Geld verlangten und sogar Mordanschläge vorbereiteten." Statilius sagte: „Bisher fürchtete ich die Nacht nicht. Aber weil du so gut über die Gefahren erzählt hast, gehorchen wir deinem Ratschlag gern." Tatsächlich haben die Gäste die Worte des Crassus und des Statilius für gut befunden und haben im Landhaus geschlafen.

24 Es war Mitternacht. Schon lange lagen die Gäste im Schlafzimmer des Landhauses und schliefen. Plötzlich erschreckte lauter Lärm alle. Eine von den Frauen schrie: „Helft mir! Helft mir Armen! Ich habe ein Gespenst erblickt, das zuerst an der Schlafzimmertür stand und dann zu mir ging. Während ich mit lauter Stimme schrie, ist es sofort hinausgeeilt. Ich glaube, dass das Gespenst mich töten wollte." Der Gast Statilius, ein großer Mann, lachte: „Leg die Furcht ab, Freundin! Weißt du etwa nicht, dass es Gespenster nicht gibt? Ich glaube, dass du nicht gut geschlafen hast. Es ist bekannt, dass manche Menschen nach einer großen Mahlzeit nicht schlafen können. Oder glaubst du etwa, dass der schlimme Zwerg, von dem Crassus erzählt hat, hierher gekommen ist? Hahaha! Oder glaubst du, dass der Dieb, von dem wir gehört haben, nicht nur dem Kaufmann Appius, sondern auch dir begegnet?" Jetzt lachten alle, die anwesend waren. Aber die Frau sagte: „Ich weiß sicher, dass ich das Gespenst erblickt habe. Ich behaupte, dass das Gespenst Mordanschläge auf uns vorbereitet hat. Ich kann nicht mehr schlafen." Statilius sagte: „Sei die Wächterin, Freundin, und halte das Gespenst von uns fern! Aber verzeih uns! Wir wollen schlafen." Nach kurzer Zeit schliefen die Gäste wiederum. Die Frau aber hörte nicht auf, mit großer Angst zur Tür zu schauen. Sieh da! Plötzlich öffnet sich die Tür ... die Frau sieht einen Fuß ...wiederum schreit sie mit lauter Stimme: „Das Gespenst ist da! Das Gespenst ist da! Ergreift das Gespenst!" Tatsächlich haben alle Gäste den Fuß des Gespensts erblickt. Sie haben auch die Stimme des Gespensts gehört: „Vi-viele Jahre le-lebe i-ich scho-schon im Landhaus des Cra-Crassus. A-alle Me-Menschen fü-fürchten mich. Es ist nä-nämlich be-bekannt, dass ich rü-rücksichtslos und schli-schlimm bin. Blei-bleibt im Schlafzimmer, wenn ihr ni-nicht ste-sterben wollt. Ich erlaube eueuch am Mo-Morgen das Schlafzimmer zu verlassen. Ich mu-muss jetzt we-weggehen." Die Gäste gehorchten den Worten des Gespensts und bewegten ihre Körper nicht. Bald sagte Statilius: „Verzeih mir, Freundin! Ich habe geglaubt, dass du ohne Grund das Gespenst fürchtest. Aber wir alle haben wahrgenommen, dass das Gespenst tatsächlich da gewesen ist." Die Gäste konnten nicht mehr schlafen. Dennoch verließ niemand der Gäste das Schlafzimmer. Alle erwarteten den Sonnenaufgang.

25 Am Morgen erwartet die Herrin Aemilia die Gäste schon im Speisezimmer. Sie fragt Statilius: „Warum kommt ihr mit so traurigem Gemüt zu mir? Ah – ich schätze, dass euch das Schlafzimmer nicht gefallen hat." Der Gast antwortet: „Niemand kann das Schlafzimmer kritisieren, Aemilia. Du hast alles gut vorbereitet und besorgt. Aber wir haben erkannt, dass ein Gespenst in eurem Landhaus lebt." Aemilia lachte: „Ich weiß, Statilius, dass du nun so scherzt, wie du zur Essenszeit gescherzt hast. Gewiss willst du mir erzählen, dass das Gespenst ins Schlafzimmer gekommen ist, hin und her gelaufen ist und euch berührt hat." Statilius antwortete: „Gespenster zu verlachen gehört sich nicht. Tatsächlich ist uns ein Gespenst begegnet." Aemilia hat wiederum gelacht: „Natürlich weiß ich, Statilius, dass ein großes Gespenst euch gesucht und im Schlafzimmer endlich gefunden hat. Aber, wie ich glaube, du hast das Gespenst besiegt wie ein tapferer Gladiator. Vor kurzem habe ich im Theater ein ähnliches Stück gesehen." Statilius sagte: „So ist es nicht, Aemilia. Es steht fest, dass ein Gespenst bei euch lebt. Wir alle haben das Gespenst nicht nur gesehen, sondern auch gehört. Aber das Gespenst ist uns durch die Tür entkommen. Schon oft habe ich gehört, dass die Götter vom Himmel herabgestiegen sind und Menschen, die gestorben sind, in Gespenster verwandelt haben." Aemilia sagte: „Schweig bitte. Tatsächlich erschreckt mich jetzt deine Geschichte. Esst! Später könnt ihr mir das Übrige erzählen. Komm hierher, Balbus, und bring die guten Speisen mit dir!" Wenig später lief Diener Balbus ins Speisezimmer und stand bei den Gästen: „Ge-gerne bri-bringe ich eu-euch die Ma-Mahlzeit, Gäste. E-endlich e-erlaubt die He-Herrin mir, Ge-Gefäße zu tragen. Schon la-lange ze-zerbrach ich kei-keine Ge-Gefäße." Sofort lachte Statilius mit lauter Stimme: „Haha! Ich glaube, dass ich das Gespenst der Nacht jetzt erblickt und gehört habe. Balbus, du hast deinen Namen zu Recht. Aber bisher habe ich nicht gewusst, dass auch Gespenster stottern." Jetzt erkannten alle, dass Balbus das Gespenst gewesen ist. Endlich legen die Gäste die Angst der Nacht ab. Aber der Diener hat jetzt Angst – sofort fielen die Gefäße auf die Erde. Niemand aber schimpft den Diener. Aemilia sagt: „Du bist ein elendes Gespenst, weil du Gäste erschrecken, Gefäße aber nicht festhalten kannst." Alle freuen sich über die passenden Worte der Herrin. Schließlich lacht auch Balbus. Nach dem Essen und einem langen Gespräch verlassen die Gäste fröhlich das Landhaus und brechen nach Hause auf.

26 Während die Gäste diese Städte, in denen sie leben, aufsuchen, beschimpft der Herr Crassus den Diener Balbus mit diesen Worten: „Warum, Balbus, hast du unsere Freunde auf diese Weise erschreckt? Hast du nicht bemerkt, dass sie nicht geschlafen haben, weil sie in großer Angst gewesen sind? Oder glaubst du, dass ihnen eine derartige Geschichte gefallen hat? Du hast die Gäste ohne Maß beunruhigt." Balbus antwortet: „Ich ver-verstehe, da-dass du wü-wütend bist, Herr. A-aber ge-gewiss hast du wahrgenommen, dass kei-keiner von diesen mi-mich heu-heute kritisiert hat. A-alle lachten und verzi-ziehen mi-mir." Crassus entgegnet: „Ich glaube, dass diese so freundlich gewesen sind, weil sie weder mich noch Aemilia mit hässlichen Worten verletzen wollten. Du musst nämlich wissen, dass manche Menschen nicht immer das zeigen, was sie fühlen. Auch wenn die Gäste dich nicht beschimpften, befanden sie dennoch nicht für gut, was du tatest." Aemilia sagt: „Du sagst es richtig, Crassus. Aber du kennst unsere Freunde genau. Ich weiß gewiss, dass diese immer das sagen, was sie meinen. Tatsächlich verziehen sie dem Balbus auf der Stelle." Crassus: „Behältst du nicht die Furcht unserer Freundin im Gedächtnis, Aemilia? Mit wie elender Stimme hat sie uns von dem Gespenst erzählt! Sie hat tatsächlich viele Stunden der Nacht lang geglaubt, dass ein Gespenst ein Blutbad auf die Gäste vorbereite. Auch am Morgen habe ich die Zeichen der Angst an ihrem Körper erkannt: Ich habe sie zittern sehen, kaum habe ich ihre Stimme hören können. Was ist dir in den Sinn gekommen, Balbus? Oder hast du keinen guten Verstand mehr?" Aemilia sagt: „Schweig bitte, Crassus! Es gehört sich nicht, mit so bitteren Worten einen Menschen zu verletzen. Glaubst du, dass du immer richtig handelst? Ich glaube, dass Balbus das gelernt hat, was sich gehört. Denn tatsächlich ist es schändlich, andere zu erschrecken. Wie ich einschätze, musst du dich um unsere Freundin, Crassus, nicht sorgen. Ich habe gesehen, dass sie das Gespenst verlacht hat, das nicht nur stotterte, sondern auch die Gefäße zerbrach. Aber erzähle mir, Balbus: Warum hast du dich in ein Gespenst verwandelt?" Balbus antwortet: „Die Gä-Gäste freuten si-sich ü-über unser Theaterstück und lobten uns i-immer wieder. Es freu-freute mich, Schauspieler zu sein. Wei-weil ich Schauspieler sein wollte, ha-habe ich mich in ein Ge-Gespenst verwandelt. Aber die Gäste wo-wollte ich ge-gewiss nicht be-beunruhigen und erschrecken!" Crassus sagt: „Wir verzeihen dir, Balbus. Eile nun zu deinen Arbeiten!" Balbus entgegnet fröhlich: „Ich danke euch, Herr und Herrin. Mit großem Engagement will ich das, was ihr befehlt, tun. Denn ich strebe immer danach, dass ihr mit meiner Arbeit zufrieden seid."

27 Während Aemilia und Crassus ein Gespräch über Balbus führen, hat der Greis Porcius, ein Freund der Familie, das Landhaus betreten. „Sei gegrüßt, Porcius!" „Seid gegrüßt, Freunde! Bereitet ihr etwa nicht die Reise vor, über die ihr schon oft erzählt habt?" „Schon lange wollen wir die Reise vorbereiten, aber ein Gespenst hat uns von den Arbeiten abgehalten." „Was erzählst du, Crassus? Es gibt keine Gespenster." „Du urteilst richtig, Porcius." Sofort erzählt Aemilia dem alten Mann von der Nacht, dem Gespenst Balbus und der Furcht der Gäste. Porcius lacht: „Jetzt verstehe ich, dass ihr bis jetzt wenig habt vorbereiten können." Aemilia sagt: „Balbus ist ein tüchtiger Diener, aber er kann sich nicht beherrschen, wenn er glaubt, dass er ein großartige Schauspieler ist." Porcius entgegnet: „Junge Männer glauben oft, dass sie großartige Männer sind." Aemilia sagt: „Du sagst es zu Recht, Porcius. Aber Balbus hat gespürt, dass er einen Fehler gemacht hat. Ich glaube, dass er aus seinem Fehler viel gelernt hat." Porcius: „Ihr dürft nicht mehr zögern, wenn ihr neue Länder, schöne Städte und großartige Berge kennen lernen wollt. Ihr wisst sicher: Diejenigen, die eine Reise machen, müssen immer all ihren Besitz bei sich haben. Daher schenke ich dir, Aemilia, dieses Büchlein, in dem du die Dinge aufschreiben kannst, die euch auf der Reise begegnen. Und dir, Crassus, gebe ich dieses Schwert, mit dem du dich und deine Angehörigen verteidigen kannst. Denn ein römischer Mann muss immer sich und seine Angehörigen mit Waffen verteidigen. Aber es gehört sich nicht, diejenigen, die eine Reise machen, abzuhalten. Daher höre ich nun auf, weiter Worte zu machen. Lebt wohl!" Mit diesen Worten gibt der alte Mann der Aemilia und dem Crassus die schönen Geschenke. Der Herr und die Herrin danken dem vornehmen Greis, der schon zur Tür eilt. Hierauf ruft Aemilia die Diener und Dienerinnen: „Kommt her und hört! Weil wir eine Reise machen wollen, befehlen wir euch, alles vorzubereiten! Flavus, sorge für die Pferde, und du, Barbara, bereite geeignete Speisen! Balbus, wir wollen die Reise mit dir machen." Balbus freut sich über die Worte der Herrin: „Gerne bin ich euer Begleiter. Weil ihr mir verziehen habt, will ich euch auf jede Weise unterstützen." Während die Diener und Dienerinnen die Arbeiten auf sich nehmen, verlässt Crassus mit Aemilia das Landhaus und eilt zum Tempel des Merkur. Dort wollen sie den Gott bitten und dessen Altar berühren. Sie wissen nämlich, dass Merkur diejenigen, die eine Reise machen, unterstützt. Aber beim Tempel befindet sich eine große Menge von Menschen. Aemilia fragt Crassus: „Warum wollen so viele Menschen den Altar des Gottes berühren?“ Crassus antwortet: „Du siehst hier eine Menge von Händlern, die glauben, dass der Gott sie und ihren Besitz bewahrt. Denn Merkur hilft auch denjenigen, die Geschäften nachgehen.“

28 Nachdem Aemilia und Crassus vom Tempel zu ihrem Landhaus gekommen waren, sehen sie Balbus, der schon lange den Herrn und die Herrin erwartet. Sie haben ihn gefragt: „Hast du alles vorbereitet, was wir dir befohlen haben, Balbus?“ Dieser antwortete: „Ihr könnt die Reise sofort antreten: Die Reisekutsche, die starke Pferde ziehen, ist da. Wir haben auch verschiedene Speisen und Gefäße, in denen Wasser ist, in die Kutsche getragen.“ Aemilia sagte: „Das habt ihr gut gemacht. Wir wussten immer, dass wir großartige Gehilfen haben.“ Balbus: „Mir kommt ein Witz über einen Herrn und seinen Sklaven in den Sinn. Wollt ihr den Witz hören?“ Crassus antwortete: „Natürlich wollen wir den Witz hören. Erzähle, Balbus!“ Balbus fing an: „Ein Herr schlug seinen Diener, weil dieser nicht arbeitete. Der fragte den Herrn: 'Warum schlägst du mich, obwohl ich nichts getan habe?' Der Herr antwortet: 'Ich schlage dich, weil du nichts getan hast.' Crassus und Aemilia lachten: „Du hast einen guten Witz gut erzählt, Balbus. Warum stotterst du nicht mehr?“ Balbus sagte: „Ich stottere nicht mehr, weil keine Furcht mich beunruhigt. Wenn ich keine Angst habe, kann ich immer richtig sprechen.“ Nun ermahnte Aemilia ihren Ehemann: „Behältst du etwa nicht die Worte des Greises Porcius im Gedächtnis? Er hat zu Recht gesagt, dass wir nicht zögern dürfen. Die Stunden eilen dahin und wir wollen eine lange Reise machen.“ Sofort beendeten Crassus und Balbus das Gespräch und gingen mit Aemilia zur Kutsche. Während Balbus die Pferde mit Zügeln lenkte, saßen Ehefrau und Ehemann in der Kutsche. Die Pferde zogen die Kutsche durch große Felder, durch kleine Dörfer und schöne Städte. Weil Balbus oben auf der Kutsche saß, konnte er alles gut betrachten. Er sah, wie Landmänner auf den Feldern Getreide sammelten, wie alte Männer unter dem Schatten der Bäume ausruhten, wie Kinder hinter einem Landhaus spielten und Frauen Pferde zur Quelle führten. Während Balbus mit großem Interesse die schöne Natur und die Arbeiten der Menschen betrachtete, schliefen Aemilia und Crassus im Inneren. Nachdem sie viele Stunden lang geschlafen hatten, öffneten sie plötzlich die Augen. Denn sie hören Balbus laut rufen: „Ni-nichts ha-habe ich mit mir. I-ich be-besitze kei-kein Geld, Männer!“ Sofort erkannten Aemilia und Crassus, dass Verbrecher ihren Diener bedrohten. Sie bemerken, dass Balbus wiederum stottert: „Er-erlaubt mir die Reise fortzusetzen, gute Männer!“ Dann hören Aemilia und Crassus einen von den Männern mit lauter Stimme lachen: „Hahaha! Glaubst du, dass wir gute Männer sind? Siehst du meine Waffen und die Schwerter meiner Leute? Mich und meine Gefährten erfreut es immer, mit diesen Waffen Menschen zu töten. Aber jetzt erzähle! Hast du Begleiter mit dir?“ Drinnen nimmt Crassus sofort sein Schwert und hat bereits vor, dem Balbus zu helfen – aber er hört plötzlich den guten Sklaven diese Worte sagen: „Nie-niemand ist bei mir. Kei-keine Begleiter sind in der Ku-kutsche.“ Aemilia fragt Crassus: „Warum sagt Balbus das?“ Crassus antwortet: „Er will uns schützen.“ Wiederum hören sie die Stimme eines der Verbrecher: „Steig endlich von der Kutsche, Elender, und zeig uns alles, was du mit dir trägst! Ich glaube, dass Gold und Silber in der Kutsche sind!“ Drinnen packt große Furcht den Crassus und die Aemilia. Crassus sagt: „Die Verbrecher dürfen uns hier nicht finden.“

29 Crassus, der mit Aemilia in der Kutsche sitzt, sagt: „Die Verbrecher dürfen uns hier nicht finden. Denn sie werden nicht nur uns, sondern auch Balbus töten, weil er gesagt hat, dass er keine Begleiter mit sich hat.“ Sofort haben sie sich hinter den großen Gefäßen verborgen und ihre Körper mit Decken bedeckt. Schon hat einer der Diebe die Kutsche betreten und alles betrachtet. Dann hat er laut gerufen: „Tatsächlich ist niemand im Inneren. Ich sehe nur Gefäße. Ich glaube, dass in ihnen guter Wein ist.“ Wiederum haben Aemilia und Crassus, die heimlich hinter den Gefäßen liegen, Angst. Sie hören die Stimme eines Verbrechers, der außerhalb der Kutsche ist: „Bring uns einige Gefäße, Freund! Denn schon lange sehnen wir uns danach, guten Wein zu probieren.“ Nachdem die Diebe die Gefäße geöffnet hatten, merkten sie, dass in ihnen kein Wein, sondern Wasser war. Daruf sagte der hochmütige König der Diebe mit harter Stimme zu Balbus: „Du hast keinen Wein, du besitzt kein Geld, du hast keine Begleiter bei dir. Was wirst du uns geben können? Wenn du willst, dass wir dich schonen, wirst du an diesem Ort bleiben. Wenn du meinem Befehl gehorchen wirst, wirst du sicher sein. Wenn du nicht gehorchen wirst, werde ich nicht zögern, dich mit dem Schwert zu töten. Ihr, Gefährten, werdet zum großen Baum eilen. Dort werde ich mit euch eine Beratung abhalten.“ Während die schlimmen Männer unter dem Baum die Beratung abhielten, versuchte Balbus der Gefahr zu entkommen. Aber die Verbrecher erkannten dies sofort und ergriffen diesen. Inzwischen bemühten sich Aemilia und Crassus, die sich in der Kutsche verbargen, das zu hören, was die Verbrecher sagten oder taten. Aber sie hörten nichts. Nachem sie ein wenig drinnen geblieben waren, verließ zuerst Crassus die Kutsche, dann führte er seine Ehefrau hinaus. Sie standen mitten in einem riesigen Wald. Sie sahen keine Diebe, sie hörten die Stimme keines Menschen. Aber sie bemerkten bald, dass Balbus und die Pferde weg waren. Aemilia sagte: „Der anständige Balbus hat uns aus der Gefahr gerettet, weil er den Dieben gesagt hat, dass er ohne Begleiter eine Reise mache. Ich behalte die Worte im Gedächtnis, die er vor kurzem gesagt hat. Er hat gesagt, dass er uns auf jede Weise unterstützen wolle. Tatsächlich hat er uns geholfen. Aber wer wird ihm helfen? Warum haben die Verbrecher ihn weggeführt? Werden sie ihn töten? Warum sind wir in eine so schändliche Gefahr gekommen? Ich glaubte, dass der Gott Merkur uns in den Gefahren der Reise beschützt!“ Crassus sagte: „Weißt du etwa nicht, dass Merkur nicht nur diejenigen, die eine Reise machen oder ihren Geschäften nachgehen, unterstützt, sondern auch diejenigen, die Diebstähle begehen? Diese Sätze aber sind großartig: ‚Hilf dir! Dann wird Gott dir helfen!‘ und ‚Das Glück unterstützt die Tapferen‘. Wir werden die Verbrecher besiegen und Balbus befreien. Wenn uns nicht der Mut fehlen wird, werden Fortuna und Merkur uns helfen. Es gehört sich, Balbus zu suchen und zu finden.“ Aemilia: „Du sprichst richtig, Crassus. Aber wer wird uns den Weg durch den großen Wald erklären? Werden wir den Weg finden können? Die Dunkelheit der Nacht ist schon da. Alles ist düster, alles schweigt. Die Verbrecher haben unsere

Pferde weggeführt, wir müssen zu Fuß die Reise durch den dunklen Wald fortsetzen. Alle diese Dinge vergrößern meine Angst." Crassus berührte den Kopf und die Schultern der Ehefrau: „Leg deine Furcht ab, Aemilia. Die Verbrecher sind schon weit weg von diesem Gebiet. Daher wirst du ohne Furcht mit mir in der Dunkelheit die Reise fortsetzen können."

30 Es ist dunkle Nacht. Aemilia und Crassus setzen ihre Reise fort. Kein Luftzug bewegt die Bäume. Obwohl Crassus der Begleiter ist, beunruhigen große Ängste Aemilia. Die langen Schatten der düsteren Bäume erschrecken sie. Sie schaut hin und her, weil sie glaubt, dass schlimme Männer hinter den dunklen Bäumen stehen. Plötzlich zeigt sie dem Crassus einen Baum und fragt den Ehemann: „Siehst du dort den großen Mann, der seinen Kopf bewegt? Sofort wird er sein Schwert nehmen und uns angreifen. Ich sehe ihn lachen und hier zu mir herkommen. Ah! Ich glaube, dass der Verbrecher mich berührt und meinen Fuß verletzt hat. Ich werde sterben, wenn du mich nicht verteidigen wirst." Crassus antwortete: „Niemand hat dich berührt, niemand hat dich verletzt, Aemilia. Unter unseren Füßen sind kleine Steine, die du gespürt hast. Sieh da! Ich gehe nun zu dem Baum, den du mir gezeigt hast." Aemilia bittet den Crassus: „Bleib bitte bei mir!" Aber der Ehemann geht weiter auf den Baum zu. Er ruft nach kurzer Zeit: „Niemand ist hier. Es ist ein Schatten gewesen, der dich fälschlich beunruhigt hat. Leg endlich die Furcht ab, Aemilia! Niemand wird dich verletzen: Ich werde dich mit dem Schwert und meiner Tapferkeit verteidigen." Wenig später setzen sie die Reise fort. Wiederum hält Aemilia den Crassus fest: „Sieh da! Ich sehe in der Ferne zwischen den dunklen Bäumen ein Feuer. Was werden wir tun, wenn die Verbrecher uns dort erwarten werden?" Crassus entgegnete: „Pst! Schone deine Stimme! Wenn die Diebe dich hören werden, werden sie uns ergreifen. Sieh da! Dort ist eine kleine Hütte. Das Feuer zeigt an, dass Menschen in dieser sind. Aber ich glaube nicht, dass dort Diebe sind. Diebe haben nämlich immer Wächter mit sich, die den Schlaf ihrer Bundesgenossen mit Waffen schützen. Ich aber sehe keine Wächter." Nachdem Aemilia und Crassus ein wenig herangegangen waren, verbargen sie sich hinter einem großen Baum und erblickten die Hütte aus der Nähe. Deren Tür stand offen. Aemilia und Crassus zögern zuerst, dann sammeln sie ihren Mut, schließlich gehen sie zur Tür. Plötzlich erschreckt eine Stimme die zwei: „Tretet ein! Ich erwarte euch schon lange." Aemilia und Crassus treten ein und sehen einen Greis, der mitten in der Hütte mit Zweigen ein kleines Feuer großzuziehen versucht. Dieser sagte: „Sei gegrüßt, Aemilia, sei gegrüßt, Crassus! Ich wusste, dass ihr zu mir kommt." Crassus fragte den alten Mann: „Warum kennst du unsere Namen? Wir haben dich niemals gesehen." Der Greis lachte: „Du sagst es zu Recht, Crassus. Nur wenige Menschen kennen mich und meine Kunst. Ich bin der Zauberer Mirificus. Ich kenne alles gut, was ist, was gewesen ist, was sein wird. Daher weiß ich genau, dass ihr den Diener Balbus sucht. Diesen haben tatsächlich Verbrecher gefesselt und geraubt. Vergeblich hat Balbus versucht, ihnen zu entkommen. Nun werde ich euch die Zukunft sagen: Ihr werdet den jungen Mann Balbus finden, aber ihr werdet viele Anstrengungen aushalten und harte Gefahren auf euch nehmen." Crassus fragte: „Wo werden wir unseren armen Diener finden?" Der Zauberer antwortete: „Die Götter erlauben mir nicht alles zu sagen, was ich weiß. Dies aber werde ich euch eröffnen: Balbus wird an einem Ort sein, an dem tapfere Männer um ihr Leben kämpfen werden. Eine große Menge von Menschen wird dort sein. Aber nun werde ich mit meinem Gespräch aufhören. Ich glaube, dass ihr diesen Platz finden könnt."

31 Aemilia und Crassus schliefen in der Hütte des Zauberers nicht. Nachdem sie gegessen hatten, hatten sie mit dem freundlichen alten Mann die ganze Nacht hindurch lange Gespräche. Viele Stunden lang erzählten sie von der gewaltigen Tapferkeit des Balbus und der schlimmen List der Verbrecher. Daher bemerkten sie nicht, dass die Sonne schon am Himmel brannte. Crassus sagte: „Jetzt ist es nötig, dich zu verlassen und Balbus zu suchen. Wir danken dir für deine große Hilfe. Leb wohl!" Der alte Mann entgegnete: „Lebt auch ihr wohl, Freunde! Die Götter werden euch einen glücklichen Sieg zugestehen." Aemilia und Crassus setzten fröhlich ihre Reise fort. Nach wenigen Stunden verließen sie den riesigen Wald und kamen an ein Ufer. Dort sahen sie einen großen Mann in einem Schiff sitzen. Während sie hinzukamen, fragte dieser mit scharfer Stimme: „Was wollt ihr?" Crassus antwortete: „Sei gegrüßt! Wie ich sehe, besitzt du ein Schiff. Wenn es dir gefällt, wirst du uns zum anderen Ufer bringen." Der Mann sagte: „Was werdet ihr mir geben?" Crassus sagte: „Ich werde dir das ganze Geld geben, das ich bei mir habe." Aber der Mann sagte mit hochmütiger Stimme: „Ich will kein Geld haben. Wenn du über den Preis verhandeln willst, höre meine Bedingungen: Gib mir deine schöne Ehefrau oder löse ein Rätsel! Du musst aber wissen: Wenn du es nicht lösen können wirst, werde ich deine Frau rauben und wegführen." Aemilia schimpfte ihn mit energischer Stimme: „Ich glaube, dass nicht eine Mutter, sondern eine grausame Löwin dich großgezogen hat, Verbrecher, weil du eine so grausame Gesinnung hast! Crassus, komm mit mir! Wir werden einen anderen Weg zu unserem Balbus finden." Crassus sagte: „Warte, gute Ehefrau! Ich will das Rätsel lösen." Aemilia sagte darauf: „Wenn du Verstand hast, wirst du den rücksichtslosen Mann verlassen und mit mir kommen. Du kannst nicht alle Dinge wissen." Crassus sagte: „Ich werde vor dieser Gefahr nicht fliehen, sondern sie gern auf mich nehmen. Erzähle endlich das Rätsel, schändlicher Mann!" Der lachte: „Hahaha! Die Ehefrau, die bis jetzt deine ist, wird bald meine Beute sein. Höre nun! Mein Rätsel wirst du nicht lösen können: Kannst du etwa sechs Götter mit einem Wort schreiben?" Die Worte des hochmütigen Mannes erschreckten Aemilia. Crassus aber fürchtete sich nicht, sondern fragte sie: „Wo ist das Büchlein, das unser Freund Porcius dir geschenkt hat? Gib mir das Büchlein bitte! Auf diese Weise werde ich dich aus der Gefahr retten." Während Aemilia Crassus das Büchlein gab, sagte der Mann, der im Schiff saß, zu ihr: „Komm hierher, schöne Frau und geh von deinem Ehemann weg! Er wird dich nicht halten können. Denn er wird das passende Wort nicht finden. Hahaha!" Aber Crassus rief laut in heftigem Zorn: „Schweig, Verbrecher! Wenn du glaubst, dass du ein mächtiger Mann bist, hast du keinen Verstand. In Kürze wirst du das passende Wort hören. Sieh da! Schon habe ich es gefunden: Das Wort, das du suchst, ist ‚VIDI'. ‚VI' ist nämlich das römische Zeichen der Zahl ‚sechs'. ‚DI' ist der kurze Name für das Wort ‚DEI'. Wie du siehst, kann ich sechs

Götter mit einem Wort schreiben. Schon habe ich dich besiegt. Bring uns nun mit dem schnellen Schiff ans andere Ufer!" Aber der schlechte Mann sagte: „Niemals werdet ihr in meinem Schiff sitzen!" Sofort versuchte er, dass Schiff vom Ufer zu bewegen. Crassus aber lief mit schnellen Füßen zum Schiff und hielt es zurück. Dann schrie er mit lauter Stimme: „Ich mäßige meinen Zorn nicht mehr. Deine Strafe wird gewaltig sein. Ich werde dich mit meinem Schwert in zwei Teile teilen, wenn du mir nicht gehorchst." Nun ergriff eine riesige Angst den Verbrecher. Endlich tat er das, was Crassus befahl. Bald darauf standen Aemilia und Crassus am anderen Ufer.

32 Nachdem sie aus dem Schiff an Land gestiegen waren, verließen Aemilia und Crassus den schlechten Mann und setzten ihre Reise fort. Obwohl sie viele Stunden lang auf einer langen Straße reisten, begegnete ihnen niemand. Crassus sagte: „Warum sehen wir keine Menschen?" Bald darauf betraten sie ein kleines Dorf. Aber Aemilia und Crassus sahen weder Menschen noch Tiere. Sie riefen mit lauter Stimme: „Wo seid ihr, die ihr hier lebt?" Aber niemand antwortete. Crassus sagte: „Niemals habe ich bis jetzt ein Dorf ohne Menschen gesehen. Ich werde jetzt alle Gebäude betreten und Menschen suchen." Wenig später lief er zur Ehefrau und meldete: „Tatsächlich ist niemand in diesem Dorf. Dies verstehe ich nicht: Denn ich habe keine Zeichen eines Unglücks bemerkt." Während er das sagt, sieht er plötzlich, dass sich hinter einem Landhaus der Schatten eines Menschen bewegt. Sofort läuft er zu dieser Stelle und ruft laut: „Wer bist du? Warum verbirgst du dich hinter einem Gebäude?" Er sieht eine Frau, die zu entkommen versucht. Aber wenig später ergreift er sie. Sie bittet ihn mit großer Furcht: „Wenn du mein Leben schonst, werde ich dir das ganze Geld geben, das ich besitze." Crassus sagte: „Leg die Furcht ab! Wir sind Freunde, keine Verbrecher! Warum fliehst du vor uns?" Die Frau fragt: „Bist du etwa nicht einer von den grausamen Soldaten, die der Tyrann durch die Dörfer schickt?" Crassus antwortet: „Das bin ich nicht. Aber erzähle: Warum sind weder Menschen noch Kühe oder Pferde im Dorf?" Die Frau sagt: „Alle Bauern sind in die Wälder geflohen und haben allen Besitz mit sich weggeführt, weil sie durch Boten erkannt haben, dass die Streitkräfte des Tyrannen zu den Landhäusern kommen. Es ist nämlich bekannt, dass die Soldaten die einen Menschen töten, die anderen fesseln und in die Stadt des Tyrannen wegführen." Crassus fragt: „Warum tun sie das?" Die Frau antwortet: „Der Tyrann befiehlt das zu tun. Ich weiß, dass er vor den Soldaten derartige Worte gesagt hat: *‚Hört, Soldaten! Ich habe ein gewaltiges Königreich. Ein mächtiger König will immer seine Leute mit großen Schauspielen erfreuen. Dies werde auch ich gerne tun, wenn ihr mir helft. Wenn ihr nämlich viele Menschen mit Gewalt hierher weggeführt habt, werde ich für euch Gladiatorenspiele veranstalten. Diejenigen, die jetzt leben, und die Nachkommen werden diese immer im Gedächtnis behalten.'* Ihr müsst wissen, dass dieser Tyrann niemals seine Grausamkeit mäßigt. Er hat grausame Strafen erfunden: Er hat befohlen, dass seine Soldaten Feinde von einem Berg stoßen. Oft auch fesseln die wilden Soldaten die Feinde und werfen harte Steine auf diejenigen, die sich nicht mehr bewegen können. Deren Körper liegen später in Wäldern, auf Feldern und auf den Wegen. Auch habe ich gehört, dass der Tyrann einen Freund zum Essen gerufen hat. Nachdem er sich mit diesem auf freundliche Weise unterhalten hatte, befahl er einem von seinen Wächtern, den armen Menschen ohne Grund zu töten. Der Tyrann hat keinen guten Verstand. Er freut sich über Gewalt, Verbrechen und Grausamkeit. Aber erzählt mir: Warum seid ihr freiwillig in dies Königreich gekommen?" Nachdem Crassus den Grund der Reise genannt hatte, sagte er: „Ich glaube, dass die Soldaten des Tyrannen unseren Balbus geraubt und in die Stadt des Tyrannen weggeführt haben. Dort werden wir ihn gewiss finden. Gute Frau, erzähl mir bitte alles, was du weißt. Ich will nämlich alles über diesen Tyrannen wissen." Die Frau erzählte gern: „Schon lange ist unser guter König gestorben. Es ist bekannt, dass dieser dem einzigen Sohn die Königsherrschaft versprochen hat, der Sohn aber durch das Schwert des bösen Enkels gestorben ist. Der ist nun der Gewaltherrscher und herrscht mit ungeheurer Willkür. Nachdem der anständige König gestorben war, erschreckten düstere Vorzeichen die Menschen. Der Himmel war schwarz, Schlangen fielen plötzlich von den Dächern der Tempel und die Priester hatten keine Stimme mehr. Dennoch ist der Beginn der neuen Herrschaft glücklich gewesen. Bald aber zeigte der neue König seine schlechte Gesinnung. Zuerst hat er den Soldaten befohlen, Kaufleute anderer Völker zu Lande und zu Wasser zu bedrohen, dann hat er auch seine Leute nicht mehr geschont. Daher fürchten wir alle dessen Gewalt und Grausamkeit. Ich gebe euch einen Rat: Eilt nach Hause, wenn ihr sicher in die Heimat kommen wollt. Wenn euch nämlich die Soldaten des Tyrannen ergreifen, werdet ihr die Heimat nie mehr sehen. Euren Diener werdet ihr nicht befreien können." Crassus sagte: „Wir werden nicht rasten, bis wir Balbus gefunden haben. Leb wohl!" Aemilia und Crassus verlassen das Dorf. In der Ferne erblicken sie schon die gewaltigen Mauern und dunklen Türme der Stadt des Tyrannen.

33 Die Frau stand lange mit traurigem Gesicht auf der Straße des Dorfes. Sie hörte nicht auf, Aemilia und Crassus zu betrachten. Sie wusste, dass diese ungeheuere Übel und Gefahren in kurzer Zeit erwarten würden. Diese aber setzten ohne Furcht die Reise zur Stadt des Tyrannen fort. Plötzlich bemerkten sie, dass ihnen von der Stadt her Soldaten, die auf Pferden saßen, in schnellem Galopp entgegenkamen. Nachdem die Soldaten nahe herangekommen waren, gab einer von diesen mit der Hand ein Zeichen. Sofort blieben die Pferde auf der Straße stehen. Die Soldaten stiegen von den Pferden und sahen Crassus und Aemilia mit scharfem Gesichtsausdruck an. Sie führten die Pferde an der einen Hand, in der anderen hielten sie die Schwerter. Während Aemilia die feindlichen Gesichter der Soldaten betrachtete, kamen ihr alle Dinge, die die Frau über die Grausamkeit der Soldaten erzählte, in den Sinn. In ihrem Geist sieht sie schon die schrecklichen Soldaten den Crassus töten. Sie sieht, dass die schrecklichen Soldaten sie fesseln und sieht, dass diese sie von einem Berg stoßen. Aber plötzlich hörte sie den Soldaten, der das Zeichen gab, sagen: „Wisst ihr etwa nicht, ihr Elenden, dass alle Menschen den Soldaten des Königs aus dem Weg gehen müssen? Macht Platz, wenn ihr nicht hier und jetzt sterben wollt!" Nach diesen Worten betrachtete der Soldat zuerst sein Schwert, dann griff er mit gewaltigem Schwung die kleine Statue eines Gottes an, die am Weg stand. Sofort fiel der Kopf dieses Standbildes auf die Erde. Der Soldat rief mit lauter Stimme: „Hahaha! Auf diese Weise werden alle sterben, die es versuchen werden, uns Widerstand zu leisten. Es ist bekannt, dass die alten Götter keinen Einfluss mehr haben. In alten Zeiten haben die Götter den Menschen sowohl die Seele als auch den Verstand geschenkt, heute aber sorgen sie nicht mehr für die Menschen. Wir haben mehr Einfluss als die Götter, weil wir mit einem Schwung des Schwertes die elenden Menschen von den feindlichen Fällen des Lebens befreien können. Diejenigen, die unsere Waffen gespürt haben, werden niemals mehr Furcht spüren. Macht uns, den neuen Göttern, Platz, die der ganzen Welt die Rettung schenken werden!" Crassus und Aemilia erkannten nicht nur die schlechte Gesinnung, sondern auch die Grausamkeit dieses Mannes. Daher zögerten sie nicht, den schlimmen Soldaten Platz zu machen. Der Soldat lachte und ging mit zufriedenem Gesichtsausdruck zu seinem Pferd. Wenig später setzten die Soldaten des Tyrannen in schnellem Galopp den Weg fort. Weil Crassus das traurige Gesicht der Aemilia sah, ergriff er ihre Hände und hielt sie: „Warum bist du traurig? Hast du etwa nicht gemerkt, dass der Gott Merkur uns geholfen hat? Dieser wird uns auch beschützen, wenn wir die Stadt betreten haben. Es gibt Götter, die für uns sorgen." Bald darauf kamen sie durch ein großes Tor in die Stadt. Dort sahen sie eine Menge von Menschen, die zu einem gewaltigen Tempel hinaufstiegen. Alle hielten verschiedene Speisen und große Gefäße in den Händen. Crassus sagte: „Erkennst du nun, dass ich richtig gesprochen habe? Es gibt Götter, denen diese Menschen mit ihren Geschenken danken. Ich fürchte diejenigen Menschen nicht, die Götter verehren. Komm mit mir, Aemilia! Bald werden wir wissen, welchen von den Göttern des Olymp sie verehren." Wenig später sind sie zwischen den Menschen, die den Tempel aufsuchen. Alle schweigen, niemand lacht. Dann fragt Crassus einen von diesen: „Warum schweigt ihr, obwohl ihr den Tempel noch nicht betreten habt?" Der Mann antwortete: „Pst! Wenn die Wächter hören, dass wir geredet haben, werden sie uns ergreifen und fesseln." Crassus verstand zuerst den Sinn dieser Worte nicht, dann sah er eine Menge von Männern, die an beiden Seiten des Tempels standen. Diese betrachteten tatsächlich mit feindlichen Gesichtern alle Menschen, die zum Tempel kamen. Dennoch fragte Crassus wiederum: „Warum betreten heute so viele Menschen den Tempel?" Der Mann zögerte ein wenig, dann antwortete er: „Es ist ein neuer Brauch, den der Tyrann uns befohlen hat." Mehr konnte er nicht sagen, weil er spürte, dass ihm ein Wächter mit der Hand ein Zeichen gab. Endlich betreten sie den Tempel. Anfangs sehen sie nichts, sie hören nur Lieder.

34 Aemilia und Crassus hatten bereits mit vielen Menschen zusammen den gewaltigen Tempel betreten. Drinnen war Dunkelheit. Sie hörten nur ein Lied von Buben und Mädchen. Crassus sagte: „Gewiss verehren die Kinder mit diesem Lied den Gott. Schon in alten Zeiten haben die Menschen auf diese Weise den Göttern gedankt." Plötzlich schrien die Menschen, die bis jetzt nichts gesehen hatten, auf. Sie konnten jetzt nämlich alles erkennen, weil Tempeldiener drinnen Feuer angezündet hatten. Mitten im Tempel war eine gewaltige Statue, deren Kopf die Decke des Tempels berührte. Diese blickte mit grausamem Gesichtsausdruck die Menschen an. Sie waren in großer Furcht. Sofort lagen alle Menschen vor den großen Füßen der Statue auf der Erde und bewegten ihre Körper nicht. Nur Aemilia und Crassus standen und betrachteten das Bild des Gottes. Sie sahen, dass auf den Schultern der Statue eine schreckliche Schlange war, die ihren langen Körper zur Brust des Gottes bewegte. Sie sahen den gewaltigen Gott in der einen Hand eine scharfe Waffe, in der anderen die Erdkugel halten. Hierauf erkannten sie, dass unter dem gewaltigen Fuß des Gottes die Trümmer einer Jupiterstatue lagen. Zuletzt erkannten sie an der linken Seite des Götterbildes das Standbild eines starken Löwen, der, wie sie glaubten, mit lauter Stimme brüllte. Aemilia fragte: „Wer ist dieser Gott, Crassus?" Crassus antwortete: „Bis jetzt glaubte ich, dass ich die Götter und die Bilder der Götter genau kenne. Aber obwohl ich in vielen Tempeln gewesen war, habe ich eine derartige Statue niemals gesehen." Plötzlich ließ die Statue eine Stimme aus ihrer gewaltigen Brust los: „Hört die Worte des neuen Gottes! Ich bin Tyrannus Rex, der bald über die ganze Welt herrschen wird. Ich bin mächtig: Seht das Schwert, das ich in meiner Hand halte! Seht auch die wilden Tiere, die mit energischem Angriff alle töten werden, die mir Widerstand leisten werden. Seht das Zeichen meines Sieges! Ich habe Jupiter besiegt; jetzt liegt der alte Gott unter meinem Fuß. Es steht fest, dass die alten Götter nun gefallen sind. Sie werden euch nicht mehr zu Hilfe kommen. Ich werde mit einer ähnlichen Strafe alle Menschen belegen, die mir nicht gehorcht haben. Es ist nicht schwierig, zu gehorchen, aber es ist schwierig, mit einer heftigen Strafe zu sterben. Aber wenn ihr alles, was ich befohlen habe, vollendet, werde ich euch ein großes Schauspiel geben. Ihr werdet sehen, dass viele Menschen aus allen Völkern der Welt in der Arena kämpfen. Freut euch mit mir über die künftigen Spiele! Ihr werdet lernen, dass Grausamkeit stärker ist als die übrigen Eigenschaften der Menschen!" Während Aemilia und Crassus die Statue betrachteten und deren Worte hörten, bemerkten sie nicht, dass einige Tempeldiener zu ihnen gekommen waren. Die fragten mit harter Stimme: „Warum liegt ihr nicht wie die übrigen Menschen auf der Erde und verehrt auf diese Weise unseren Gott?" Crassus antwortete: „Ich werde gerne die Götter, aber niemals einen Menschen verehren. Seht ihr etwa nicht, dass dies das Abbild eines Menschen ist, der alle glauben machen will, dass er ein Gott ist? Oder glaubt ihr, ein Gott habe diese Stimme losgelassen? Ich weiß, dass ein Mann sich im Körper des Standbildes verbirgt, der mit lauter Stimme diese Worte gesagt hat. Gewiss hat der Tyrann einem von seinen Dienern befohlen, diese Worte zu sagen. Denn er will euch mit seiner Grausamkeit erschrecken. Ich glaube, dass er heimlich sagt: „Wenn die Menschen fürchten, werden sie gehorchen. Wenn ich ihnen grausame Schauspiele gebe, werden sie mich lieben und fürchten." Mehr konnte Crassus nicht sagen, weil die Tempeldiener ihn ergriffen und zusammen mit Aemilia aus dem Tempel geführt hatten.

35 Außerhalb des Tempels übergaben die Diener den Crassus und die Aemilia den Soldaten des Tyrannen. Diese fesselten die beiden sofort und führten sie durch enge Gassen der Stadt zum Hof des Tyrannen. Während sie das gewaltige Atrium des Hofes betraten, sahen sie auf der rechten und linken Seite verschiedene Bilder. Auf dem ersten Bild erkannten sie Prometheus, den ein Adler mit einer frischen Wunde verletzte. Auf dem zweiten Bild sahen sie einen elenden Menschen einen ungeheuren Felsblock wälzen. Aemilia fragte: „Wer ist dieser?“ Crassus antwortete: „Die Götter befahlen dem Sisyphus, von Tag zu Tag einen Felsblock zu wälzen, weil er ihnen nicht gehorcht hatte. Dieser Felsblock fällt nach den Anstrengungen dieses armen Menschen immer vom Berg herab. Daher muss Sisyphus immer wieder den Felsblock vergeblich auf den Berg wälzen.“ Auf dem dritten Bild sahen sie Tantalus, der, obwohl er mitten im Wasser stand, dennoch seinen Durst nicht löschen konnte. Denn immer vergeblich versuchte er, das Wasser mit seinen Händen zu berühren. Plötzlich hörten Crassus und Aemilia eine harte Stimme: „Sucht ihr etwa das vierte Bild? Dies wird ein Freund in kurzer Zeit mit großartiger Kunst vollenden. Die Nachkommen werden auf diesem Bild euer Unglück kennen lernen. Sie werden sehen, dass ihr mit ungeheurer Grausamkeit gestorben seid. Wie nämlich Prometheus, Sisyphus und Tantalus die Befehle der Götter verletzt haben, so habt ihr mich, den neuen Gott, in meinem Tempel entehrt. Denn ihr habt gesagt, dass ich kein Gott bin.“ Endlich sahen Aemilia und Crassus den grausamen König: Er hatte einen gewaltigen Körper, eine große Brust und riesige Schultern. Crassus sagte: „Wir wollten dich gewiss nicht entehren. Wir suchen nur Balbus, unseren Diener. Verbrecher haben diesen geraubt. Weil er uns immer mit großer Tapferkeit aus Gefahren gerettet hat, wollen nun wir ihm helfen. Denn einem Freund zu Hilfe zu kommen ist ein Zeichen der Vortrefflichkeit. Ist bei dir ein junger Mann, der stottert?“ Der Tyrann antwortete: „Meine Truppen sammeln in der ganzen Welt Jünglinge und Männer, die bald in der Arena kämpfen werden. Ich glaube, dass Balbus unter ihnen ist. Obwohl es schwierig sein wird, diesen in der Menge der Menschen zu finden, werden meine Wächter ihn herbeiholen. Denn ich habe einen großartigen Plan: Ich werde in der Arena mit einem starken Soldaten gegen dich und Balbus kämpfen. Wir werden die Soldaten der Grausamkeit sein, ihr die Soldaten der Vortrefflichkeit. Wenn ihr uns besiegen werdet, werdet ihr sicher nach Hause aufbrechen können. Wenn wir aber euch besiegen werden, werdet ihr mit großer Grausamkeit sterben. Dann werde ich dem vierten Bild diese passende Aufschrift geben: ‚Die Grausamkeit hat die Vortrefflichkeit besiegt, besiegt sie und wird sie besiegen.‘ Wächter, führt diese ins Gefängnis weg! Dort werden sie viele Tage lang ohne Nahrung ein elendes Leben führen, bis die geeignete Zeit da sein wird. Hahaha! Lebt wohl, ihr Elenden!“ Crassus hatte sofort die Worte des Zauberers im Gedächtnis: ‚Balbus wird an einem Ort sein, an dem tapfere Männer um ihr Leben kämpfen werden. Eine große Menge von Menschen wird dort sein.‘ Nun hatte er verstanden, dass der Ort, von dem der Zauberer gesprochen hatte, das Amphitheater des Tyrannen war. Selbstverständlich gehorchten die Wächter dem Befehl des Tyrannen: Sie führten Crassus und Aemilia ins Gefängnis weg und gaben ihnen viele Tage hindurch keine Speisen. Endlich war der Tag des Kampfes da. Die Wächter führten Aemilia und Crassus in das Amphitheater. Dort hörten sie das Geschrei der Menschenmenge, nahmen die Angst der jungen Männer wahr, sahen vielfältige Wunden von Männern, die gegen andere Männer oder wilde Tiere gekämpft hatten. Viele Stunden lang gab es ein rücksichtsloses Blutbad: Die einen starben sofort, die anderen starben wenig später an schlimmen Wunden. Plötzlich führen die Wächter Crassus mitten auf den Kampfplatz weg, dort geben sie ihm ein Schwert. Darauf holen sie Balbus herbei, der schon eine Waffe in der rechten Hand hält. Crassus begrüßt Balbus: „Ich freue mich, weil ich dich sehe, Balbus. Aber ich bin nicht fröhlich, weil ich dich auf dem Kampfplatz sehe.“ Balbus sagt: „I-ich ha-habe gro-große Angst, Herr!“ „Tatsächlich wartet eine große Gefahr auf uns. Aber in schwierigen Angelegenheiten gehört es sich nicht, die Hoffnung sinken zu lassen. Der Greis Porcius hat mir ein Schwert gegeben, durch dessen Gebrauch ich alle Feinde besiegen kann.“ Schon kommt der Tyrann mit dem Soldaten zu den beiden Gefährten und ruft mit lauter Stimme: „Ihr alle, die ihr in meinem Amphitheater seid, hört zu! Ihr werdet mich, eueren König, mit meinem Begleiter gegen diese Männer kämpfen sehen. Wir kämpfen für den Sieg der Grausamkeit, diese nennen sich die Soldaten der Vortrefflichkeit. Bald werdet ihr erkennen, dass Grausamkeit stärker als Vortrefflichkeit ist!“ Nachdem er das gesagt hatte, eilte er in schnellem Lauf zu Balbus und schlug mit der rechten Hand an dessen Brust. Der junge Mann fiel sofort zu Boden und bewegte seinen Körper nicht mehr. Der Tyrann lachte mit hochmütigem Gesichtsausdruck: „Hahaha! Die Vortrefflichkeit liegt auf dem Boden. Ich glaubte, dass die Vortrefflichkeit ihren Namen von Männern, nicht von Buben hat! Hahaha! Komm, Crassus! Ich erwarte deinen Angriff schon.“ Crassus aber zögerte, den gewaltigen Mann anzugreifen. Da sagte der mit lauter Stimme: „Wenn du mich nicht auf der Stelle angreifst, werde ich meinem Begleiter befehlen, den jungen Balbus zu töten.“ Crassus zögerte nicht mehr, sondern lief auf schnellen Füßen zum Tyrannen. Lange kämpften sie miteinander. Vergeblich versuchte der eine den anderen zu verletzen. Crassus spürte schließlich, dass ihm die Kraft ausging, weil er viele Tage lang nichts gegessen hatte. Der Tyrann sagte mit rücksichtsloser Stimme: „Wenn ich dich getötet habe, werde ich deinen Körper auf unwürdige Weise in hundert Teile teilen. Denn ich will meine Löwen immer gut ernähren.“ Crassus sammelte alle Kraft, ergriff das Schwert mit beiden Händen und stieß es mit einem ungeheuren Schwung in die Brust des Tyrannen. Alle sahen den gewaltigen Körper des Tyrannen in den Sand fallen. Zuerst schwiegen alle, dann schrien sie und freuten sich. Denn sie wussten, dass durch den Tod des Gewaltherrschers das Ende der Grausamkeit da war. Mit lauten Stimmen lobten sie die Vortrefflichkeit des Crassus. Dieser brach wenig später mit Balbus und Aemilia nach Hause auf. Auf dem Weg fragte er die Ehefrau Aemilia: „Warum hat Porcius dir ein Büchlein gegeben?“ Aemilia antwortete: „Alle Geschichten, die wir gehört haben, alle Gefahren, die wir auf uns genommen haben, alle Dinge, die wir gesehen haben, habe ich diesem Büchlein übergeben. Denn ich weiß, dass die Kinder einer zukünftigen fünften Klasse alle diese Dinge kennen lernen wollen. Nun bin ich froh, weil die Geschichte ein glückliches ENDE nahm.“